Bodensee für Kenner

Landschaft • Erholung • Wirtschaft

Alexander Wien

Bodensee für Kenner

Landschaft · Erholung · Wirtschaft

Echter Verlag

Die Verzeichnisse sind mit ■ gekennzeichnet, die Reihenfolge der Orte und Namen ist alphabetisch, unabhängig von der Staatszugehörigkeit. Deutsche Ortsnamen haben dabei keine zusätzliche Kennzeichnung. Vorarlberger Ortsnamen sind mit / V, Schweizer Ortsnamen durch die Autokennzeichen ihres Kantons unterschieden. Die am häufigsten vorkommenden sind:

AG	= Aargau	SG	= St. Gallen
AI	= Appenzell Innerrhoden	SZ	= Schweiz
AR	= Appenzell Außerrhoden	TG	= Thurgau
GR	= Graubünden	TI	= Tessin
SH	= Schaffhausen	ZH	= Zürich

im Echter Verlag Würzburg
Gesamtherstellung: Fränkische Gesellschaftsdruckerei
Würzburg
ISBN 3 921 056 08 X

Inhalt

Am Bodensee beginnt der Süden

Die natürliche Voraussetzung für die kulturelle, künstlerische und historische Bedeutung des Bodenseeraums, wie sie im ersten Band »Bodensee für Kenner« dargestellt wurde, bleibt die Landschaft. Sie bietet das Fundament der kulturellen Einheit.

Diese Landschaft gewährt vielen Industrien einen gesunden Lebensraum, ja sie scheint für manche geradezu ideal zu sein.

Der Bodensee aber als Erholungsraum beschränkt sich nicht auf Urlaub und Fremdenverkehr. Er war sicher für die kulturelle Entwicklung so bedeutsam wie für die Industrie; denn die Möglichkeiten sind weit gespannt. Zeit und Gelegenheit zur schöpferischen Muse sind die Voraussetzung jedes neuen Schaffens. Der Bodensee bietet sie.

Die Werbung hat manches über den See gesagt; das verlockendste war wohl: »Am Bodensee beginnt der Süden«. Man muß es deutlich sagen: rein realistisch läßt sich das nicht belegen. Die Geographie spricht ebenso dagegen wie die klimatischen Tatsachen. Die Krokusse blühen nicht früher als sonstwo, und an der Bergstraße blühen die Mandelbäume schon vierzehn Tage bevor am See die ersten Knospen aufbrechen. Trotzdem ist diese Aussage glaubwürdig. Es ist die Milde des Sees, die Ausgeglichenheit, die auch eine Vegetation begünstigt, wie sie die Mainau, Überlingen, Lindau und Konstanz in ihren Parks bieten. Jedenfalls fühlt sich der Mensch in südliche Regionen versetzt, er empfindet auf einmal anders. Er nimmt eine andere Lebensweise an, er bekommt sogar eine andere Lebensauffassung. Der See vermag eine Illusion zu verwirklichen.

Das Gefühl, nicht die Überlegung bestätigt es: Am Bodensee beginnt der Süden!

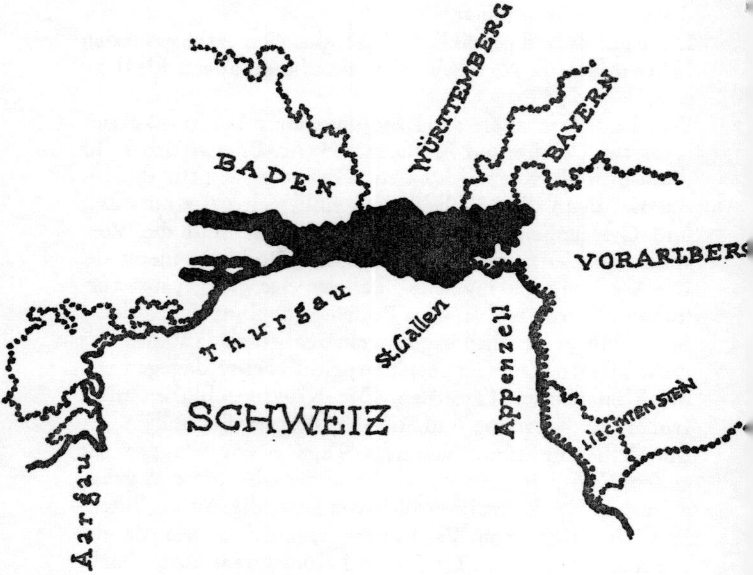

BADEN
WÜRTTEMBERG
BAYERN
VORARLBERG
Thurgau
St.Gallen
Appenzell
LIECHTENSTEN
SCHWEIZ
Aargau

Die Schweiz und Vorarlberg

Kulturelle Einheit um den See bedeutet keineswegs immer gleichzeitig politische. Gewiß, zur Zeit der Staufer war das Bodenseegebiet auch politisch ein Ganzes. Das Herzogtum Schwaben reichte bis nach Chur und Zürich, und in diesem großen Gebiet, unterteilt in Herrschaften, lebten Alemannen.

An den Alemannen hat sich wenig geändert, wohl aber an den politischen Grenzen. Was fernab vom Bodensee Schwyz, Uri und Unterwalden 1276 gründeten und nach einigen Anfechtungen 1291 für »ewige Zeiten« beschworen, wurde erst Jahrhunderte später am See wirksam. Knapp 20 Jahre nach dem Rütli-Schwur hat Heinrich VII. 1309 die Reichsunmittelbarkeit dieses »Ewigen Bundes« bestätigt.

Als sich den drei ersten Kantonen in den Jahren zwischen 1353 und 1481 acht weitere anschlossen, war von der Bodenseeregion immer noch niemand dabei. Zwar hatten die Eidgenossen 1460 den Thurgau erobert, aber er galt als »Untertanenland«, nicht aber als Kanton. Im »Schwabenkrieg« 1499 trennten sich die acht Kantone praktisch vom Reich. Seit damals gilt der Rhein als Grenze zwischen der Schweiz und Vorarlberg.

Erst 1513, als sich die Zahl der Kantone auf 13 erhöhte, zählten zwei vom Bodensee dazu. 1501 war Schaffhausen dazugestoßen und 1513 die beiden Halbkantone Appenzell Innerrhoden und Außerrhoden. Zwischen dem Schweizer Gebiet lag noch St. Gallen als geistliches Territorium, das juristisch erst 1803 in die Schweiz aufgenommen wurde.

Zur gleichen Zeit wurde aus dem »Untertanengebiet« Thurgau ein Kanton. Auch St. Gallen war schon lange als »zugewandtes Gebiet« nicht mehr ganz unabhängig, sein Anschluß im Jahr 1803 bedeutet deshalb nur eine Formsache. Seither haben sich die Schweizer Grenzen bis heute nicht mehr geändert.

Im Innern aber mußte man sich erst noch zusammenraufen. Die katholischen und evangelischen Kantone bekämpften sich gegenseitig bis zum Sonderbundkrieg, und erst die Verfassung von 1848 beruhigte die Gemüter.

Die Stellung der Kantone

Man ist geneigt zu sagen: die Schweiz ist in Kantone unterteilt, wie die Bundesrepublik oder Österreich in Bundesländer. Ein solcher Vergleich hinkt aber in mancher Hinsicht. Größenmäßig entspricht ein Kanton einem deutschen Landkreis, aber ein Landkreis ist nur eine Verwaltungseinheit, ein Kanton dagegen entscheidet mehr selbst als ein deutsches Bundesland.
Da solch eine kleine Gemeinschaft leichter überschaubar ist, kann vieles demokratischer bestimmt werden als in Deutschland.
So entscheiden nicht nur in den kleinen Halbkantonen Appenzell die »Stimmbürger« jede gemeinsame Angelegenheit, auch die größten Kantone stimmen über alles ab. So haben es die St. Galler Stimmbürger abgelehnt, die Universität St. Gallen erweitern zu lassen. Nicht die gewählten Vertreter, wie in deutschen Landtagen, entscheiden; in der Schweiz bestimmen alle. Die Kantone sind unabhängiger als deutsche Länder. Der Bund – sprich: Bern – kann keineswegs mit Bonn verglichen werden.
Die Eidgenossenschaft besteht nun schon etwa ein halbes Jahrtausend, aber an der Eigenständigkeit der Kantone hat sich bis heute nichts geändert.

Das Land vor den Arlbergen

Von den unter den Schwabenherzögen vereinigten Alemannen hat sich noch ein weiterer Teil, Vorarlberg, politisch getrennt, oder sagen wir es ganz genau, er wurde von den Grafen von Montfort an Österreich verkauft, an die Toggenburger verpfändet und von Österreich wieder zurückgekauft. Wenn die Schweizer Kantone am See zwar politische, aber keine drückenden wirtschaftlichen Probleme kannten, war für Vorarlberg seine wirtschaftliche Schwäche ein politischer Faktor, der sich bis in unser Jahrhundert auswirkte. Dabei hat es einmal vielversprechend begonnen. Brigantium war unter den Römern die bedeutendste Stadt am See. Aber dann stand es Jahrhunderte lang im Schatten Feldkirchs. 1968 konnte man ganze »50 Jahre Vorarlberg« feiern, das heißt, Bregenz wurde erst 1919 Landeshauptstadt.

Selbst Dornbirn, das sich aus vier Dörfern zur Gartenstadt entwickelte, hat mit 34 000 Einwohnern Bregenz (24 000 Einwohner) überflügelt. Es ist heute durch seine Textilmesse weltbekannt.

Diese drei Städte Vorarlbergs liegen im Seebereich, und deshalb drehte sich die Geschichte immer um sie. Ursprünglich gehörte der größte Teil des heutigen Vorarlberg zu Rätien, vom 9. bis 12. Jahrhundert nannte es sich dann Grafschaft Bregenz, später besaßen es die Grafen von Montfort. (Das Landeswappen ist heute noch die alte Kriegsfahne der Montforts.)

Vom 14. bis 18. Jahrhundert war das »Land vor den Arlbergen« beim habsburgischen Vorderösterreich und wurde seit 1782 von Tirol aus verwaltet.

1805 verteilte man »Vorderösterreich« unter Frankreich, Württemberg, Baden und Bayern, nur Vorarlberg kam zu Österreich.

Zwischenzeitlich hatte Österreich sich weiter am See ausgebreitet, so geriet Konstanz und auch Radolfzell unter österreichische Herrschaft.

Radolfzell sollte sogar Statthalterei des Erzherzogs werden. Nach 1805 blieb von all dem nur das »Ländle« selbst übrig. Seine Größe entspricht der eines Schweizer Kantons, aber Vorarlberg ist trotzdem nicht mehr das kleinste österreichische Land, wie man oft vermutet. Flächenmäßig übertrifft es das viel kleinere Land Wien, das mit seiner Einwohnerzahl weitaus an der Spitze der österreichischen Bundesländer steht. An Einwohnern aber zählt das Burgenland weniger als Vorarlberg. Das war einmal anders. Das Burgenland verliert ständig an Bewohnern, während

Vorarlberg in gleichem Maße zunimmt. Das Burgenland ist ein Agrargebiet geblieben, Vorarlberg aber hat sich zum industrialisiertesten Bundesland Österreichs entwickelt.

Das Wälderparlament

Die Vorarlberger haben nicht nur alle Barockbauten am See erstellt, sie haben sich immer tüchtig abgerackert, aber sie waren auch stets bestrebt ihre Angelegenheiten tunlichst selbst zu regeln. Die Leute des Bregenzerwaldes z. B. waren aufgeschlossen und stolz. Auf einer Paßhöhe unweit Bezaus steht seit 1871 ein Denkmal, die »Bezegg-Säule«, an der Stelle, an der jahrhundertelang das »Wälderparlament« tagte. Das Parlamentsgebäude stand auf vier gemauerten Säulen und war nur durch eine Falltüre begehbar. Die Leiter dazu wurde erst dann wieder angesetzt, wenn der Landamann und seine Räte ihre Beschlüsse gefaßt hatten. Dieses Gebäude ließ Napoleon 1807 abreißen. Damit war auch das Schicksal der Bauernrepublik im Bregenzerwald besiegelt.

Der Flirt mit der Schweiz

Zwischen dem 13. und 15. Jahrhundert hatte man die Zuwanderung der »Walser« gefördert. Mancherlei Privilegien wurden diesen »Schweizern« jahrhundertelang zugestanden.
Nicht nur entfernungsmäßig lag den Vorarlbergern die Schweiz immer schon näher als Wien. Es mag mit dem verlorenen Krieg ebenso zusammenhängen wie mit der Abhängigkeit von der Statthalterei in Innsbruck: 80 Prozent der Vorarlberger stimmten 1918 für einen Anschluß an die Schweiz. Stattdessen entstand jedoch im Frieden von St. Germain ein selbständiges Bundesland.
Auch heute noch ist man in Vorarlberg nicht gewillt, sich mit unwillkommenen Wiener Entscheidungen abzufinden. In Wien hatte man vor ein paar Jahren beschlossen, einen neuen Bodenseedampfer auf den Namen des sozialdemo-

kratischen Wiener Bürgermeister »Hans Renner« zu taufen. Da man in Vorarlberg keine Beziehung des Mannes zu Vorarlberg oder dem Bodensee entdecken konnte, lief man mit Erfolg Sturm. Der Dampfer konnte erst eingeweiht werden, als man sich für den Namen »Vorarlberg« entschied.

Die Textilindustrie

Genauso hartnäckig hat Vorarlberg versucht seine wirtschaftliche Situation zu meistern. Noch im 19. Jahrhundert arbeiteten Jahr für Jahr Tausende von Vorarlbergern von März bis November im Ausland. Heute sind weit über 50 Prozent der Bevölkerung in Industrie und Gewerbe beschäftigt, in der Landwirtschaft nur noch 10 Prozent.
Industrie ist in Vorarlberg gleichbedeutend mit Textilproduktion; denn mehr als ein Drittel der österreichischen Textilindustrie ist hier beheimatet. Dieses kleine Land mit nur knapp soviel Einwohnern wie eine Stadt von der Größe Wiesbadens kann trotzdem 10 Prozent der Ausländerübernachtungen Österreichs für sich buchen. Der Fremdenverkehr des Landes wächst wie die Industrie ständig. Vor allem im Bregenzerwald nimmt der Tourismus zu Lasten der Landwirtschaft erheblich zu. Während im übrigen Bodenseegebiet sich die Zahl der Übernachtungen Jahr für Jahr nur mäßig vergrößert, stieg sie in Vorarlberg schon mehr als 30 Prozent in einem Jahr.
Den größten Anteil am See hat aber das alte Schwaben behalten, wenn man davon absieht, daß sich bei der großen nachnapoleonischen Teilerei auch Bayern ein Zipfelchen sicherte.

Kulturelle Einheit durch wechselseitige Bindungen

Trotz dieser vielfältigen geschichtlichen Entwicklung, die zeitweilig Grenzen veränderte, hat man alle Ereignisse zusammen erlebt und erlitten. Im Kulturellen fand man dafür den gemeinsamen Ausdruck. Die Grenzen änderten sich, die Herrschaften wechselten, die Bindungen der Bewohner untereinander aber festigten sich. Führende Familien waren in Konstanz ebenso zu Hause wie in St. Gallen, und die Handelsbeziehungen kannten keine Grenzen, sie kennen sie heute genausowenig. Firmen, die in verschiedenen Staaten nicht durch Niederlassungen, sondern durch Schwesterfirmen wirtschaftlich miteinander verbunden sind, beweisen es.

Es begann schon mit den Klöstern. Deren Besitzungen, Herrschaftsrechte und Gründungen schufen Verbindungen quer durch das ganze Bodenseegebiet.

St. Gallen/SG hat das Christentum nach Kempten gebracht und mühselig das erste Kloster gegründet. Kempten selbst eröffnete später in Feldkirch/V ein Priorat. St. Johann in Feldkirch/V aber eignete dem Kloster Weingarten. Die Prälatensitze in Brunnegg/AG und Giersberg/TG gehörten zu Obermarchtal und Zwiefalten. Ochsenhausen besaß Schloß Hersberg bei Immenstaad, Rot (Mönchsrot) saß auf Schloß Burgberg bei Überlingen.

Die Benediktiner von Kempten und das Kloster Schussenried unterhielten im 30jährigen Krieg »Fluchthäuser« in Bregenz/V und Schussenried und später einen Amtshof in Meersburg. In Hagnau waren Salem, Weingarten und Einsiedeln/SZ begütert. Ausgerechnet Einsiedeln/SZ, das viel näher beim Zürcher See liegt und selbst zum Vierwaldstätter See nur halb so weit hat wie zum Bodensee, besaß rings um den See Herrenrechte, Gutshöfe und Weinberge, so das Schloß Freudenfels, die Vogtei Hagnau und die Herrschaft Ittendorf. Auf der kleinen Insel Wasserburg hatte sich St. Gallen/SG eine Kirchenburg gebaut. (Da das Geld für die Erneuerung der Brücke nicht vorhanden war, wurde 1720 ein Damm zum Festland aufgeschüttet.)

In allen Jahrhunderten war Hüben und Drüben über den Bodensee hinweg verbunden, mal schlugen die Klöster die Brücke, mal die weltlichen Herren, auch Bürger und Künstler trugen immer das ihre dazu bei, die politischen Grenzen zu überwinden.

Am Untersee bei Allensbach. (Foto: Heinz Finke, Konstanz)

St. Gallen/SG, der alte Stadtkern rings um die Kathedrale am Gallusplatz. (Foto: Verkehrsamt St. Gallen)

■ *Schweiz*

58 v. Chr. Unterwerfung der Helvetier durch Julius Cäsar.

20 n. Chr. Die römische Provinz Helvetien entsteht.

451 Hunnen durchziehen Süddeutschland. In ihrem Gefolge zerstören Alemannen Arbor Felix (Arbon).

451 Erste Nennung des rätischen Bistums Chur, das bis zum Bodensee reicht.

610 Die Missionare Kolumban und Gallus kommen nach Arbon.

690 Kriegszug des Grafen Otwin in den Thurgau.

850 Rorschach erstmalig erwähnt.

1276 Gründung der schweizerischen Eidgenossenschaft.

1291 Ewiger Bund der Urkantone Uri, Schwyz und Unterwalden.

1356–1399 Sempacher Krieg.

1436–1450 Bruderkrieg. Schlacht bei St. Jakob (1444).

1450–1481 Burgunder Krieg.

1451 St. Gallen wird eidgenössisch »hingewandt«.

1456 Arbon wird eidgenössisch »hingewandt«.

1499 Sieg der Eidgenossen im Schwabenkrieg, de facto: Loslösung vom Reich.

1501 Schaffhausen tritt dem Bund bei (heute hat der Kanton rund 60 000 Einwohner).

1513 Appenzell tritt dem Bund bei. – Der Halbkanton Appenzell – Innerrhoden mit der kleinsten Schweizer Kantonshauptstadt Appenzell (rund 5000 Einwohner) zählt heute 14 000 Einwohner. Der Halbkanton Appenzell-Außerrhoden mit der Hauptstadt Herisau (14 000 Einwohner) zählt heute 50 000 Einwohner.

1648 Besiegelung der Abtrennung der Schweiz vom Reich durch den Westfälischen Frieden.

1798 Die Eidgenossenschaft von Franzosen besetzt, wird »Helvetische Republik« unter Botmäßigkeit Frankreichs.

1803 St. Gallen und Thurgau gehören zur Helvetischen

Republik. Der Kanton St. Gallen zählt heute 340 000 Einwohner und Thurgau mit der Kantonshauptstadt Frauenfeld (15 000 Einwohner) rund 160 000.

1814 Wiedererworbene Unabhängigkeit der Eidgenossenschaft und Neutralitätserklärung (Wiener Kongreß). Restaurationsverfassung.

1847 Sonderbundkrieg (bisher letzter Krieg der Schweiz).

1848 Neue Bundesverfassung.
Aufhebung der Klöster Münsterlingen, Kreuzlingen, Ittingen.

1856 Erste Eisenbahn Winterthur–St. Gallen–Rorschach.

1870 Mobilisierung unter General Herzog (Deutsch-Französischer Krieg).

1907 Gründung der Nationalbank.

1912 Reorganisation des Bundesrats.

1914–1918 Mobilisierung unter General Wille.

1931 Verbot der Annahme ausländischer Orden und Titel, Ablehnung der Todesstrafe.

1939–1945 Mobilisierung unter General Guisan.

1947 Einführung der Alters- und Hinterbliebenenversorgung.

1970 Einführung des Frauenstimmrechts.

■ *Fürstentum Liechtenstein*

1507 Von der Schweiz gelöst.

1719 Gründung des reichsunmittelbaren Fürstentums aus den Herrschaften Vaduz und Schellenberg.

1806 Souveränes Fürstentum; Mitglied des Rheinbundes.

1852 Zollunion mit Österreich (bis 1919).

1866 Nach Auflösung des Deutschen Bundes selbständig.

1924 Zollunion mit der Schweiz.

1950 14 000 Einwohner, Hauptstadt Vaduz: 3000 Einwohner.

15 v. Chr. Tiberius und Drusus unterwerfen die keltische Siedlung am See, aus der dann das römische Brigantium (Bregenz) entsteht.

200–305 Römerstraße am südlichen Bodenseeufer von Brigantium (Bregenz) über Arbor Felix (Arbon) nach Constantia (Konstanz).

451 Hunnen in Süddeutschland. In ihrem Gefolge zerstören Alemannen Brigantium.

610 Kolumban und Gallus kommen nach Bregenz.

830 Feldkiricha wird im »Reichsurbar von Chur« das erste Mal genannt.

957 »Torrenbiura« (Dornbirn) wird erstmals erwähnt.

1097 Gründung der Benediktinerabtei Mehrerau.

1150 Die Grafen von Bregenz, die Udalrichinger, sterben aus. Die Grafen von Montfort werden ihre Nachfolger.

1156 Österreich wird Herzogtum: Heinrich Jasomirgott.

1218 Graf Hugo von Montfort verleiht Feldkirch Stadtrecht.

1260 Bregenz erhält Stadtrecht.

1282 Albrecht und Rudolf von Habsburg Herzöge von Österreich.

1363 Tirol fällt durch Erbschaft an Habsburg.

1390 Die Feldkircher Linie der Grafen von Montfort stirbt aus. Zuvor Feldkirch an Habsburg verkauft.

1408 Im Appenzeller Krieg wird Bregenz zwei Monate lang von den aufständischen Bauern belagert.

1415 Feldkirch wird von den Habsburgern an den reichen und mächtigen Grafen Friedrich von Toggenburg verpfändet, nach seinem Tod aber wieder eingelöst.

1451 Erzherzog Sigmund kauft die Hälfte von Bregenz.

1453 Ganz Bregenz wird österreichisch, Österreich wird Erzherzogtum.

1499 Seit 1499 gilt der Rhein als Grenze zwischen der Schweiz und Vorarlberg. Im »Schwabenkrieg« belagern die Eidgenossen Feldkirch vergeblich.

1575 Bregenzer Zweig der Montfort stirbt aus.
1618–1648 Die Schweden unter General Wrangel erobern und brandschatzen Bregenz und zerstören die Burg Hohenbregenz. Auch Feldkirch wird eingenommen, aber nicht zerstört.
1649 Gründung der »Stella Matutina« in Feldkirch.
1740–1780 Regierungszeit Kaiserin Maria Theresias.
1744 Österreichischer Erbfolgekrieg: Franzosen besetzen Bregenz.
1771 Dornbirn kauft sich von der Herrschaft des Grafen von Hohenems frei.
1780–1790 Josef II.: Josefinische Reformen.
1795 Erste Textilfabrik in Dornbirn gegründet.
1801 Franzosen besetzen Bregenz zum zweiten Mal.
1803 Kloster Mehrerau wird säkularisiert.
1804 Proklamation des Erbkaisertums Österreich.
1805 Unter Napoleon wird Bregenz erneut französisch.
1809 Andreas Hofer besetzt Bregenz.
1848–1916 Regierungszeit Kaiser Franz Josephs.
1861 Kaiser Franz Joseph erlaubt die Bildung eines vorarlbergischen Landtags mit Sitz in Bregenz. Vorarlberg wird aber weiterhin von der Statthalterei Innsbruck verwaltet.
1868 Erste Handstrickmaschine in Vorarlberg. (in Lustenau).
1874 Neubesiedlung der Abtei Mehrerau durch Zisterzienser.
1889 Staatliche Fachschule für Maschinenstickerei in Dornbirn gegründet (daraus Staatliche Lehr- und Versuchsanstalt hervorgegangen).
1901 Dornbirn wird Stadt mit 13 000 Einwohnern.
70 Jahre später: 35 000 Einwohner.
1918 80 Prozent der Vorarlberger Bevölkerung stimmen für Anschluß an die Schweiz.
Im Frieden von St. Germain bleibt Vorarlberg bei Österreich, wird aber selbständiges Bundesland.
1919 Bregenz wird Hauptstadt von Vorarlberg.
Mehrerauer Zisterzienser übernehmen Neubirnau.

1920 Die Nationalversammlung beschließt die österreichische Bundesverfassung.
1923 Landesverfassung für Vorarlberg tritt in Kraft.
1938 Vorarlberg wird erneut verwaltungsmäßig Tirol unterstellt.
1945 Vorarlberg wird wieder selbständig.
Kämpfe um Bregenz am Ende des zweiten Weltkrieges.

Limnologie und Deutschlands bestes Trinkwasser

Wer unterwegs nach der Insel Mainau in Konstanz-Egg auf den Wegweiser »Limnologisches Institut« trifft, wird sich vielleicht verwundert fragen, worum es sich dabei handelt. Das Konstanzer Institut, eine Einrichtung der Universität Freiburg, beschäftigt sich mit der Erforschung des Lebens im Bodenseewasser. Professor Elster, der Leiter des Instituts, erklärte bei dessen Einweihung: »Daß wir als Institut der Universität Freiburg an den Bodensee gekommen sind, hat viele Gründe. Einmal bilden die verschiedenen Teile des Bodensees, seine Zuflüsse und die zahlreichen benachbarten Seen mit ihren geologisch und landschaftlich verschiedenen Einzugsgebieten günstige Studien- und Lehrobjekte, andererseits haben die am Bodensee bereits seit Jahrzehnten ansässigen Forschungsinstitute sehr umfangreiche Forschungsarbeiten erfolgreich durchgeführt und bieten eine in Mitteleuropa einzigartige Möglichkeit einer gegenseitigen Ergänzung und Zusammenarbeit.«

Während die Bodensee-Institute Konstanz-Staad, Langenargen, Reichenau und Sipplingen in erster Linie praxisbezogene regionale Untersuchungen ausführen, versucht das Institut Konstanz-Egg, allgemeine Gesetzmäßigkeiten der Limnologie auf überregionaler Basis zu erforschen.

Um die Mitte des letzten Jahrhunderts gingen die Uferstaaten gemeinsam daran, den See auszuloten, eine stichhaltige Bodenseekarte anzulegen und den Rheindurchfluß zu ergründen.

Eigene Institute entstanden aber erst seit 1920, als in Konstanz das hydrobiologische »Max-Auerbach-Institut« gegründet wurde und in Langenargen das fischereiwirtschaftliche »Eugen-Kaufmann-Institut«. (Beide Institute haben sich jetzt vereinigt.)

Die ersten Jahrzehnte dienten einer Bestandsaufnahme, seit etwa 1950 beschäftigt man sich mit der Frage der Zu-

sammenhänge und der Ursachen. Von Forschungsschiffen aus überwacht man den See genau und stellt jede Veränderung fest.
Oberstes praktisches Ziel all der Arbeit ist die Reinhaltung des Wassers als Voraussetzung für jedes Leben im und um den See.

Trinkwasser für alle

Heute trinken drei Millionen Menschen in Baden-Württemberg Bodenseewasser, das in der Sipplinger Anlage gewonnen wird. Schon seit 1895 bezieht St. Gallen/SG als erste Stadt ihr Wasser aus dem Bodensee. Damals konnte das Wasser ohne vorherige Aufbereitung (aus einer Tiefe von 45 m) direkt verwendet werden. Heute muß man es wenigstens chloren.
Das jenseitige Ufer entschloß sich erst 1926 (Meersburg), Seewasser zu trinken. Jetzt gibt es keinen Ort am See, der sich nicht aus dem Bodensee versorgt, und seit 1956 fließt das Wasser bis weit über Stuttgart hinaus nach Norden.
Das Wasser ist biologisch so gesund, daß man daran denkt, durch Kanäle die abwasserkranken Flüsse Neckar und Donau mit einer »Stärkungsspritze« vom Bodensee zu sanieren. Allerdings gibt es dafür nur wenige Befürworter. Man meint, wenn man »Milch in Tinte schüttet, würde noch lange keine Milch daraus«.
Ganz neu sind solche Umlenkungspläne nicht. Schon Karl der Große hatte die Absicht, »die Donaw und den Rhein zusammenzugraben«.

Die Arbeit der »Seekühe«

Das Bodenseewasser ist zwar nach wie vor das beste Oberflächenwasser Deutschlands, aber die Nährstoffzufuhr durch Abwässer ist größer geworden, das führt zu erhöhter Algenbildung und u. a. zu fetteren Fischen. Die Abwässer düngen den See.
Einerseits können Algen nach Meinung der Limnologen

zur Wasserreinigung beitragen, andererseits nehmen sie an manchen Ufern so sehr überhand, daß sie mit Unterwassermähern, sogenannten »Seekühen«, beseitigt werden müssen. Besonders betroffen ist das Ufer in den Buchten von Rorschach/SG und Münsterlingen/TG. Mähboote, wie die »Eveline« sind dort ständig im Einsatz.
Von den fünf »Seekühen« frißt jede einzelne täglich rund 40 Tonnen Seegras, insgesamt mindestens 5000 Tonnen im Monat. Trotzdem wächst das Seegras schneller als die »Kühe« fressen können.

Stickstoff und Phosphor

Bedeutend schwerwiegender ist die Abnahme des Sauerstoffgehalts des Seewassers und die Zunahme des Phosphors. Wenn diese Krankheit ein bestimmtes Maß erreicht, kann das Wasser des Sees »umkippen«, das heißt, es wäre ein totes Gewässer, weil kein Lebewesen mehr darin existieren könnte. Phosphor liefern nicht so sehr die Fabriken direkt, sondern die Haushalte, deren Wasch- und Spülmittel in hohem Grade Phosphor enthalten. Rund 1200 Tonnen Phosphor fließen nach neuesten Untersuchungen alljährlich in den Bodensee, davon stammen 40 Prozent aus Wasch- und Reinigungsmitteln. In den USA, wo diese unerwünschte Phosphorzufuhr durch mehr Spülmaschinen noch deutlicher in Erscheinung tritt, ist man bei der Herstellung der Spülmittel auf Stickstoff ausgewichen. Das war ein schlechter Tausch. Der Bodensee hatte immer schon einen Stickstoffüberschuß, der aber erst dann zu einem vermehrten Algenwachstum führt, wenn Phosphor dazu kommt. Die Algen aber verbrauchen den notwendigen Sauerstoff und sie gefährden den Schilfbestand, der als Laichzone für Fische und Brutstätte der Wasservögel lebenswichtig ist.
Zuviel Schilf hingegen ist ebenso unerwünscht. Bei allen Erscheinungen zeigt sich immer wieder, wie unsinnig es ist, einzelne Maßnahmen gegen oder für etwas zu treffen. Es kommt auf einen ausgewogenen Haushalt an. Nur wenn

er an irgendeiner Stelle durch ein Zuviel oder Zuwenig verändert wird, kommt das ganze Leben im Wasser aus dem Gleichgewicht, und dieses Gleichgewicht kann durch Abwasser erheblich gestört werden.

Gemeinschaftsanlagen und Ringleitungen

Es gilt also, dem Abwasser die schlimmsten Verschmutzungen zu entziehen, bevor es in den Bodensee gelangt. Es wird dazu nicht überall eine dreistufige Anlage für über 5 Millionen Mark notwendig sein wie in Radolfzell, und es wird auch, wie man jetzt errechnet hat, nie eine Ringleitung rund um den See gebaut werden, die alle Abwässer zu einer riesigen Gemeinschaftsanlage führt, aber man hofft, spätestens 1975 durch Gemeinschaftsanlagen völlig Herr der Lage zu werden.

Wenn schon nicht eine Ringleitung, so bleibt der einzige gangbare Weg die Gemeinschaftsanlage, die einer Reihe von Gemeinden als Kläranlage dient, wie das 70-Millionen-Projekt der Städte Konstanz und Kreuzlingen/TG (mit einer zusätzlichen fünfteiligen Aktivkohlefilteranlage und einer Chlordioxyd-Anlage zur Aufbereitung von ölverschmutztem Wasser mit einer Leistung von 1500 cbm pro Stunde). Dabei ist es aber bei allen Kläranlagen wesentlich – das ergibt sich aus dem vorher Gesagten –, daß das Wasser nicht nur mechanisch und biologisch gereinigt wird, sondern auch die Phosphate ausgefällt werden.

Immerhin muß festgehalten werden, daß der Bodensee von allen Oberflächengewässern Deutschlands das beste Trinkwasser liefert. Es bedarf aber aller Anstrengungen, damit das so bleibt.

Wenn man in den letzten Jahren in Sensationsblättern dicke Überschriften über die Verschmutzung des Bodensees gelesen hat, so war das – gelinde gesagt – ungerecht. Der Bodensee ist das einzige Gewässer in Deutschland, dessen Wasserqualität einer ständigen Kontrolle unterliegt. Bei allen übrigen Gewässern werden die Untersuchungen nur

von Fall zu Fall durchgeführt. Auch die Schweiz und Österreich überprüfen das Bodenseewasser ständig.
Auch das oft gehörte Argument, zu Trinkwasserzwecken würde das Wasser aus 45 bis 60 m Tiefe entnommen, während der Schmutz, in dem man bade, oben schwimme, trifft in keiner Weise für den Bodensee zu. 125 Proben in 35 Strandbädern haben ergeben, daß das Bodenseewasser auch in bakterieller Hinsicht wesentlich besser ist, als es vom Bundesgesundheitsamt nach den nunmehr verschärften Richtlinien gefordert wird. Das ist der Erfolg vielfältiger Anstrengungen. Gerade die Trinkwasserentnahme veranlaßt alle Anlieger, für die Reinhaltung zu sorgen. Alljährlich entstehen neue Kläranlagen, und bereits bestehende werden verbessert. An den Zuflüssen werden Rechen eingebaut, um das Geröll abzuhalten. Die Orte an den zum Bodensee fließenden Flüssen werden gezwungen, auch ihrerseits Kläranlagen vorzuschalten. Daß man an einem gemeinsamen Strang zieht, zeigen die zwischenstaatlichen Kläranlagen, z. B. zwischen Konstanz und Kreuzlingen/TG, zwischen Stein am Rhein/SH, Oehningen und Wangen und die Anlage in Ramsen/SH, an der 21 schweizerische und deutsche Gemeinden teilhaben.
Eine 1967 ratifizierte Reinhaltungsordnung der Anliegerstaaten bildet die gesetzliche Grundlage dafür.
Die finanziellen Aufwendungen gehen inzwischen in die Hunderte von Millionen. Um aber noch mehr tun zu können, wurde die Erhebung eines Wasserpfennigs für alle Bezieher von Bodenseewasser vorgeschlagen.

»Seeputzete«

Der St. Galler Apotheker Hans Stehle war der Ansicht, daß zur Reinhaltung des Sees noch mehr gehöre. Er wurde der Initiator des »Seeputzete«. »Das Beste aus Reader's Digest« schrieb darüber: »Vom Unternehmergeist eines einzelnen mitgerissen, versuchen Tausende von Schweizern, Deutschen und Österreichern gemeinsam, die Bodenseeufer vor der Verwahrlosung zu retten.«

1964, als am Rorschacher Ufer wegen Verschmutzung das Baden verboten werden mußte, kam nicht nur sein Appell zur Sauberhaltung, sondern auch seine erste Aktion mit 1500 Schweizer Schulkindern, die tonnenweise Unrat wegräumten. Ein Jahr später half ihm dabei das Schweizer Militär.

1967 endlich haben sich fast alle Ufergemeinden rings um den See mit 10 000 Menschen beteiligt. Dafür wurde jeweils ein Tag im November oder Dezember festgelegt.

Die Aktion zeitigte mannigfache Erfolge, nicht nur die der einmaligen Generalreinigung. So verringert sich die Abfallmenge von Jahr zu Jahr, weil man auch während des Jahres schon ans Sauberhalten denkt. Hans Stehle hat Anfang 1971 den Europapreis für Landespflege in Gold erhalten.

Inzwischen haben 24 Gemeinden Vorarlbergs mit 3000 Freiwilligen in einem Jahr 800 Kubikmeter Müll aus der übrigen Landschaft beseitigt.

Den bisherigen Rekord im »Seeputzete« hält das schweizerische Luftschutzregiment 3 aus St. Gallen/SG. Es hat am 40 km langen Schweizer Bodenseeufer zwischen Kreuzlingen/TG und Rorschach/SG mit rund 1000 Soldaten und einer Vielzahl technischer Hilfsmittel 4000 mit gefrorenem Schlamm vollgepackte Karren (200 cbm) an einem einzigen Tag bei Egnach-Romanshorn/TG dem verschmutzten Ufer entrissen.

Alle diese Bemühungen stecken keineswegs mehr in den Anfängen. Sie haben schon beachtliche Erfolge gezeitigt: Man glaubt erreicht zu haben, daß das Sauerstoffdefizit des Sees sich nicht mehr vergrößert. Das ist neben dem sauberen Bad ein Ergebnis, das für die Zukunft hoffen läßt.

■ *Der Bodensee*

Länge:	Ludwigshafen – Bregenz	64 km
	Bregenz – Stein am Rhein	69 km
	Obersee: Bregenz – Konstanz	46 km
	Überlinger See:	
	Meersburg – Ludwigshafen	18 km
Breite:	Friedrichshafen – Romanshorn	14 km
Tiefe:	Obersee zwischen Fischbach und Uttwil	250 m
	Untersee zwischen Gaienhofen und Berlingen	46 m
	Zellersee	26 m
	Gnadensee	22 m
Fläche		540 km²
Meereshöhe		400 m
Umfang		255 km
Baden-württembergischer Anteil		140 km
Schweizer Anteil		70 km
Österreichischer Anteil		27 km
Bayerischer Anteil		18 km
Erdwölbung zwischen Bregenz und Konstanz		44 m
Wasserinhalt		55 Milliarden m³

Der Rhein durchfließt den Bodensee wie die Rhône den fast gleich großen Genfer See.

Zum Vergleich:

Genfer See	580 km²
Neuchâteler See	215 km²
Lago Maggiore	210 km²
Vierwaldstätter See	115 km²
Zürcher See	90 km²
Luganer See	50 km²

Namen für den Bodensee:

Römer:	»lacus brigantius« (Sie kamen von Bregenz her an den See.)
Alemannen:	»lacus potamicus« und »Bodman-See« (daraus entstand der heutige Name).
Engländer:	Lake of Constance
Franzosen:	Lac de Constance
Italiener:	Lago di Costanze und Lago Brigantino
Sonstige:	Dreiländersee oder Größter Voralpensee.

■ *Das Wasser*

Limnologie = Teilgebiet der Hydrobiologie.
Hydrobiologie = die Wissenschaft vom Leben im Wasser, befaßt sich mit Binnengewässern (Limnologie) und Meeren (Ozeanologie) und erforscht die biologischen Grundlagen des Wassers als Lebensraum.
eutroph = nährstoffreich.
oligotroph = nährstoffarm.
Wassermenge im Bodensee = 55 Milliarden Kubikmeter.
Jährlicher *Zufluß* = 12 Milliarden Kubikmeter.

Bodenseewasserfernleitungen:
140 km 1. Leitung in den Schwäbischen Wald.
111 km 2. Leitung nach Stuttgart.
24 km Albstollen = größter Tunnel Europas mit 2,25 m ø
3000 l/Sek. = 1. Leitung } Durchflußgeschwindigkeit
7000 l/Sek. = 2. Leitung } Durchflußgeschwindigkeit
42 000 l = Rohwasseraufnahme Pumpenwerk Sipplingen
18 000 l = Reinwasseraufnahme Pumpenwerk Sipplingen

Trinkwasser aus dem Bodensee seit:
1895 St. Gallen/SG
1896 Romanshorn/TG und Münsterlingen/TG
1897 Kreuzlingen/TG

1905	Konstanz-Staad
1912	Konstanz-Egg
1924	Altenau/TG
1925	Frasnach/TG
1926	Meersburg
1930	Hagnau
1938	Überlingen
1956	erste Fernleitung

Ein Beispiel für Schmutzanfuhr:

bei Altenrhein/SG jährlich

26 000 kg	Schmutzstoffe
4 560 kg	Stickstoff
336 kg	Phosphor

Rhein und Donau fließen in den Bodensee

Im Jahre 1925 klagte Württemberg beim Staatsgerichtshof gegen Baden um das Wasser der Donau.

Zum erstenmal wird 1874 berichtet, daß die junge Donau, nachdem sie ihre 30 km gemächlich dahinfloß, plötzlich verschwand. An mehreren Stellen zwischen Immendingen, Tuttlingen und Mühlheim versickerte sie in unregelmäßigen Abständen. Ein trockenes Donaubett ist die Folge. Im Durchschnitt bleibt die Donau jeweils ein halbes Jahr verschwunden. Inzwischen erforschte man, daß der poröse Kalkstein der Schwäbischen Alb zusammen mit dem Luftdruck und der Niederschlagsmenge Schuld an dieser Naturkapriole tragen. Ferner hat man schon um die Jahrhundertwende mit Hilfe von Farbsubstanzen erkundet, wohin die Donau versickert. Sie kommt im Aachtopf, der sogenannten Aachquelle, wieder zum Vorschein und fließt über die Stockacher Aach in den Bodensee (von den vielen Aachs ist es die, die in den Überlingersee mündet).

Mit zwei Stollen durch die Bergmassen fängt man jetzt versuchsweise das Wasser der Donau vor der Versickerungsstelle auf und leitet es dahinter unverzüglich wieder in das Bett zurück. Die dritte Stelle bleibt unberücksichtigt, weil man glaubt, daß dann die Donau bereits so viel Wasser führt, daß diese Versickerung nicht mehr zum Austrocknen führen kann. Das heißt, selbst dann, wenn diese Bemühungen auf die Dauer erfolgreich sind, wird der Bodensee auch fernerhin Donauwasser führen.

Ältere Versuche, das Flußbett zwischen Immendingen und Mühlheim abzudichten, scheiterten.

Genau entgegengesetzt zum Zufluß der Aach-Donau, am anderen See-Ende, fließt das Wasser des Rheins bei Bregenz/V in den Bodensee. Daneben münden die Bregenzer und die Dornbirner Aach in das große Binnengewässer. Zwischen den beiden deutschen und den beiden österreichischen Aachs mündet noch eine Schweizer Aach, außerdem liegen rundum an den Ufern weitere 100 Fluß- und Bachmündungen, von denen die größten Argen, Schussen, Rotach, Goldach und der bayerisch-österreichische Grenzfluß Laiblach sind. Der einzige Abfluß aber ist der Rhein. Zwischen dem Zufluß der Donau, der Aach und dem Abfluß des Rheins liegen wenige Kilometer oder genauer gesagt: der Bodanrück.

Die Thur, nach der der Thurgau benannt ist, aber fließt vom St. Galler Land immer dem Bodensee entlang, um sich erst unterhalb von Schaffhausen/SH mit dem Rhein zu vereinen.

Da der Rhein in der Sekunde 200 cbm Wasser in den See bringt und bei Hochwasser sogar 2000, sind daneben alle anderen Wasserbringer unwichtig.

Der Lauf des Rheins durch den See ist etwas eigenartig. Er fließt bei Bregenz/V auf einer Strecke von eineinhalb Kilometern, deutlich sichtbar im Bodenseewasser, direkt auf Lindau zu. Der Hauptfluß bleibt über Friedrichshafen hinaus auf deutscher Seite, um sich von dort aus in breitem Strom auf Konstanz hin zu bewegen. Die ganze große Bucht von Rorschach/SG bis Romanshorn/TG wird nur von Wirbelströmen des Rheins berührt, im Überlinger See reicht der Einfluß des Rheinwassers bis etwas unterhalb von Birnau. Für seinen Weg durch den See, der ungefähr dem entspricht, den die Rhône durch den etwa gleich großen Genfer See zurücklegt, benötigt der Rhein 60 Tage. Der Rhein entspringt als »Vorderrhein« am St. Gotthard, begrenzt Liechtenstein und Österreich und hat bei Bregenz/V bereits rund 300 km zurückgelegt.

Von der Illmündung bis zum See wurde er durch Zusammenarbeit der Uferstaaten reguliert. Nach 80 Jahren wurde 1972 die Arbeit vollendet. Statt in Rheinspitz mündet der Rhein jetzt im Gebiet zwischen Hard und Fussach. Damit ist die Überschwemmungsgefahr für Vorarlberg und St. Gallen gebannt, ... aber Lindau bekam Schwierigkeiten mit den nun dort antreibenden Materialien.

Solange der Rhein den Bodensee durchfließt, gehört er keinem Land und bildet keine Grenze. Das Wasser ist in-

Feldkirch/V, Marktgasse, alte Bürgerhäuser mit Laubengängen. Am Ende des Marktes die Johanneskirche, die Graf Hugo von Montfort 1218 erbauen ließ. (Foto: Löbl, Bad Tölz)

Lindau, die romantische Insel des »lieben Augustin«. Im Hintergrund die Schweizer Alpen und die Mündung des Rheins in den Bodensee. (Foto: Franz Thorbecke, Lindau)

sofern international, als man auf den Bodenseeschiffen Briefe mit der Marke desjenigen Landes aufgeben kann, in die sie gehen, gleichgültig woher sie kommen. Rein rechtlich ist die Grenzziehung immer wieder einmal im Gespräch. Die einen meinen, irgendwo in der Mitte müsse die Ländergrenze verlaufen, die anderen sind für eine zwei bis drei Kilometer breite Hoheitszone, während die Mitte international bleiben soll. Letztere Lösung hat keine Aussicht mehr, verwirklicht zu werden. Ein neuer Staatsentwurf zur Neuregelung der Schiffahrts- und Hafenordnung, den die drei Anliegerstaaten in Bern paraphiert haben, sieht feste Grenzen im See und staatliche »Vollzugsbereiche« vor.

Trotz der Internationalität des Rheins legte jedes Land seinen eigenen Kilometer Null am Rhein fest und begann von dort ab zu messen. Das ist bei den Holländern noch verständlich, die ab Emmerich die Rheinlänge auf ihrem Gebiet festhielten. Alle anderen verfuhren aber recht willkürlich. Der französische Nullpunkt lag bei Basel auf der linken Seite, der badische eineinhalb Kilometer weiter auf der rechten Seite, der bayerische Rhein begann in Lauterburg, die Hessen fingen unterhalb Mannheims und die Preußen am Biebricher Schloß in Wiesbaden zu messen an.

Die Zunft der Landmesser hat diesem Wirrwarr ein Ende gesetzt und den Kilometer Null auf der Rheinbrücke von Konstanz festgelegt, und siehe da, der Rhein ist dann bis zu seiner Mündung in Rotterdam genau 1000 km lang. Erst später stellte man fest, daß man bei dieser Messung einige hundert Meter unterschlagen hatte. In der Gegend von Koblenz beträgt der Abstand von Kilometerstein 436 bis Kilometerstein 437 nur ganze 645 m, also 355 m zuwenig.

Diese Festlegung des Rheinbeginns führte zu einem fünfjährigen Rechtsstreit zwischen Konstanz und dem Land Baden-Württemberg vor dem Verwaltungsgerichtshof. Man stritt darum, ob das schmale Stück zwischen Ober- und Untersee, »Seerhein« genannt, und das in Konstanz mit der »Rheinbrücke« überquert wird, zum Rhein oder zum Bodensee gehört, denn danach richtete sich die Zuständigkeit für die Erhaltung der Uferbefestigungen. Es ist entschieden: der Seerhein ist Teil des Bodensees.

Hätte man anders entschieden, wäre der Bodensee (Ober- und Überlinger See) ein Gebilde für sich und der Untersee mit Zeller See und Gnadensee ein weiteres.

Man sagt, der Bodensee besitze drei Inseln: Lindau, die Mainau und die Reichenau. Früher kamen noch Wasserburg und die Klosterinsel in Konstanz (Inselhotel) dazu. Wasserburg wurde aber mit einem Damm mit dem Festland verbunden, für eine neue Brücke hatte man damals kein Geld. Weiter kommt ganz am Ende des Sees noch die Insel Werd/TG hinzu, sie liegt schon im Rhein. Auf ihr starb 795 St. Otmar, der St. Galler Abt, als Gefangener.

Der Rhein verabschiedet sich vom See mit einer Attraktion: den Wasserfällen von Schaffhausen/SH.

Der baden-württembergische Landtag hat die Zusammengehörigkeit von Rhein und Bodensee in seiner neuen Gebietsreform unterstrichen: Konstanz gehört zur Region »Hochrhein«.

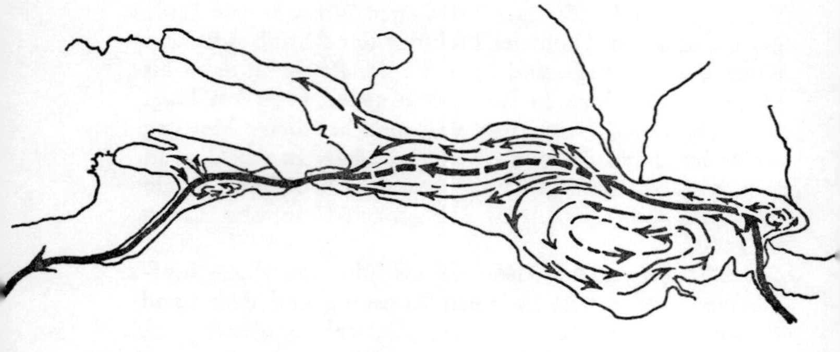

Der Lauf des Rheins durch den Bodensee

■ *Donau und Rhein*

1874 Erster Bericht über die versickerte Donau.
1875 Erste Verhandlung zur Wiedererlangung von Donauwasser.
1925 Klage vor dem Staatsgerichtshof: Württemberg gegen Baden um das Donauwasser.
1957 219 Versickerungstage.
1967 94 Versickerungstage.
1971 Großversuch mit Bergstollen, um die Donau in ihrem Bett zu halten.

*

1000 km Länge des Rheins von Konstanz bis Rotterdam
60 Tage Durchlaufzeit des Rheins durch den Bodensee.
300 km Länge des Rheins von der Quelle bis zum Bodensee = Vorderrhein.

Aachtopf: Stärkste Quelle Europas, 10 000 l/sek.

Das Bioklima des Bodensees

Was Humboldt vor weit über 100 Jahren vom Einfluß des Klimas auf den Menschen geschrieben hat, bezeichnet man heute mit Bioklima oder, um mit einem Heidelberger Professor zu sprechen, »Geopsycho – die Menschenseele unter dem Einfluß von Wetter und Klima, Boden und Landschaft«. Das sind neue Formulierungen für uralte Erkenntnisse (jeder Kurort lebt von diesem Wissen). Das neue wissenschaftliche Interesse für diese Funktion des Wetters hat aber zu vergleichsweisen Messungen der Klimawerte geführt und die Aufstellung gewisser Richtwerte für Luftkurorte ermöglicht. So wird zum Beispiel verlangt, daß in einem heilklimatischen Kurort nicht mehr als 25 Tage im Jahr Äquivalenztemperaturen von 50 Grad Celsius auftreten dürfen. Die Untersuchungen erstreckten sich auf zwei Jahre, und man fand keinen Ort am See, der diese Grenzwerte erreichte. Die Nebel- und Sonnentage wurden gezählt, Schwüle, Strahlungswerte, Höchst- und Tiefsttemperaturen gemessen und alle Werte ermittelt, die für ein Heilklima maßgeblich sind. Jeder Ort am See bestand diese Prüfung mit Bravour.
Man weiß das schon lange. Die große Wasserfläche, die kaum irgendwo schroff von Bergen begrenzt wird, sondern allmählich im Hügelland ausschwingt, stellt einen natürlichen, großen Klimaausgleich dar. 400 m über dem Meer gelegen, ist der See das Wärmereservoir der ganzen umliegenden Landschaft. Man berechnete auch, daß der Bodensee in einem einzigen Sommer den Heizwert von 22 Millionen Tonnen Kohle speichert (das sind 22 000 Güterzüge zu je 50 Waggons mit je 20 Tonnen Kohle).
Die aufgespeicherte Sonnenwärme gibt er im Laufe des Winters wieder ab. Deshalb friert der Obersee nur in strengen, langen Wintern zu, in den letzten 1000 Jahren nur knapp 30mal.
Die mittlere Jahrestemperatur beträgt plus 9 Grad Celsius. Die Seenebel schützen zusätzlich vor zu starker Abstrah-

lung im Winter. Allerdings zählt man viel weniger Nebeltage unmittelbar am See, als man gemeinhin annimmt, erst landeinwärts nimmt der Nebel wieder zu. Von April bis September gibt es im allgemeinen noch keine zehn Nebeltage, und im Winter keine 30. Ravensburg, Frauenfeld/TG und Winterthur/ZH erreichen jeweils die doppelte Anzahl.

Der Föhn und die Wolken

Im zeitigen Frühjahr stellt sich der Föhn ein, das Barometer fällt, der warme Südsturm bricht los. Glücklicherweise kündigt er sich vorher an. Die Luft wird klar, die Berge sind zum Greifen nahe, das Wasser wirkt grün, und die Oberfläche kräuselt sich. Für die Schiffer wird es höchste Zeit, in den schützenden Hafen zu kommen. Wenn die Natur selbst und die schreienden Möwen sie nicht warnen, so mahnt sie der Warndienst rings um den See. Denn so friedlich sich der See meist auch gibt, er kann auch anders, das wissen die Schiffer, der Notdienst und die Wasserschutzpolizei sehr genau.

Die Wolkenbildung über dem See bleibt für den Fremden ein immer wieder bewundertes Schauspiel, der Einheimische, der Schiffer, der Segler aber betrachtet sie als Wetterboten, die ihm Prognosen erlauben. Haufenwolken bezeichnet man ganz allgemein als »Schönwetterwolken«, stehen sie aber schon frühmorgens am Himmel und verschwinden auch mit sinkender Sonne nicht, so zeigen sie eine Wetterverschlechterung an. Bedenklich verfolgt man auch das »Aufquellen« der Haufenwolken nach oben, je »zerfetzter« die Formen werden, desto sicherer ist ein Gewitter zu erwarten. Genaugenommen betrachtet man alle Veränderungen am Himmel unter dem Schlechtwetteraspekt: drohende schwarze Wolken, die hell umrandet sind oder unten helle Stellen zeigen, bringen keinen Regen, und die nächtliche Wolkendecke, vor allem im Winter, bildet einen Schutz vor bitterer Kälte. Ein altes Sprichwort sagt: »Glücklich das Land, wo die Wolken wintern.«

»Seeschießen« und »Blühen«

Es ist eine der liebenswertesten Eigenschaften des Sees, so viele unterschiedliche Gesichter zeigen zu können. Nicht nur die Jahreszeit verändert ihn, auch der Tagesablauf spiegelt sich in seinen Farben, dem Dunst der Landschaft, dem Spiel von Wasser und Himmel. Zu den interessantesten Naturerscheinungen gehört das »Seeschießen«, das wie rollender Donner über den See zieht, sich anhört, als käme es aus der Tiefe, und dessen Ursache immer noch nicht geklärt ist. Dagegen entspricht das »Rinnen« einer Art Ebbe und Flut im Kleinen, und das »Blühen« oder, wie die Einheimischen sagen, »der Blust« im Mai ist nichts anderes als Blütenstaub, der sich auf dem See niederläßt.

Himmel und Wasser

Trotz des abwechslungsreichen Frühlings, des herrlichen Sommers am See, ist die schönste Jahreszeit der Herbst, er dauert lange und bietet alles, was man sich wünschen kann. Vom Frühjahr bis in den späten Herbst bietet der See ein »heilklimatisches« Wetter, der Winter am See allerdings eignet sich für die meisten Erholungsuchenden nicht, die Sonne scheint zu kurz. Keineswegs aber hat ein altes Bonmot recht, das vom See sagt: »Im Sommer haben wir Gäste, im Winter Nebel«, denn Nebel gibt es anderswo bedeutend öfter, nur die Sonne dringt nicht genügend durch die Wolken. In dieser grauen Zeit halten die Sporthäfen ihren Winterschlaf, die Boote sind abgetakelt, mit Planen geschützt. Sie träumen vom Frühjahr, Sommer und Herbst. Dann kommt wieder ihre Zeit an der »deutschen Riviera«.

Darin liegt wohl der höchste Genuß, den der See bieten kann: im Segelboot den Tag verträumen, sich geschickt treiben lassen zwischen Wasser und Wolken. Dann erlebt man das wechselvolle Gesicht des Sees ganz unmittelbar, dann erlebt man, wie schwierig es ist, über die eigentliche Farbe des Wassers eine eindeutige Aussage zu machen.

Dann versteht man, daß der See und die Landschaft zusammengehören, daß hüben und drüben eins sind, daß man nicht abgrenzen kann, alles fließt ineinander. Man versteht auch die Maler, die versucht haben, lieber »Stundenbilder«, wie Monet, zu malen, als sich auf ein gültiges Bild des Sees festzulegen.

Der entspannende Ausgleich

Es gibt Menschen, die ins Gebirge gehen, weil sie aus der Enge des kleinen Gebirgsortes hinaufsteigen können auf die Gipfel der Berge, die sie frei machen, für all die Strapazen entlohnen, die sie auf sich genommen haben. Andere gehen ans Meer, der Sonne wegen und zum Baden, vielleicht aber auch, weil sie die Weite frei macht, weil sie ihre Blicke und Gedanken unendlich schweifen lassen können, nichts begrenzt sie. Weder Gebirge noch Meer, weder Hügel noch Tal, doch von allem ein bißchen, das ist die Region rund um den Bodensee. Wie die Berge die Menschen formen, die in ihnen leben, so formt auch eine solche Landschaft die Menschen. Der Bregenzerwald hat jahrhundertelang immer wieder Baumeister hervorgebracht. Die Gebirgstäler im Tessin haben viele Künstler in alle Welt gesandt, Bildhauer, auch Maler und Architekten. Der Bodensee selbst hat keine solche Eigenschaft. Er hat seine Kinder nicht in die Welt hinausgeschickt, jedenfalls nicht mehr als andere Gebiete auch. Aber der Bodensee hat immer schon viele angezogen. Es kamen Menschen, um sich freizulaufen, es kamen Leute, um sich freizuschwimmen, es kamen Grübler, um sich freizudenken. Das Wasser des Sees, die Luft ringsum und die Landschaft haben für manchen so viel Beruhigendes, daß er zu keiner Arbeit kommt, und andere werden von ihm zur Arbeit getrieben. Es leben ganze Malerkolonien am See, Fremdenströme überfluten ihn alljährlich, und viele Liebhaber kommen zu jeder Jahreszeit an »ihren« See.

Isola bella • exterritorial

Man muß schon die Mainau besucht haben, wenn man wissen will, zu welcher Vegetation die Bodenseelandschaft fähig ist. Alles, was an subtropischen Pflanzen am See gedeiht, wächst auf der Mainau. Der Herr der Insel, Graf Lennart Bernadotte, ein schwedischer Prinz und Herr des »Grünen Plans«, hat aus der Insel ein Paradies gemacht. Den 100jährigen Park und die barocke Schloßanlage hatte er schon vorgefunden, als er den fürstlichen Besitz erbte, die Blumen- und Blüteninsel hat er daraus gemacht. Seine Großmutter Victoria hatte die Mainau von ihrem Vater, dem Großherzog von Baden, als Hochzeitsgabe erhalten, als sie den späteren Schwedenkönig Gustav V. Adolf ehelichte.

Als der Graf 1931 eine bürgerliche Frau heiratete, mußte er auf Titel und Thronfolge verzichten. Graf Lennart Bernadotte von Wisborg, wie er mit vollem Namen heißt, ist nicht nur ein Angehöriger des schwedischen Königshauses, sondern auch ein naher Verwandter der Hohenzollern und der russischen Zarenfamilie. Er »regiert« sein kleines »exterritoriales Gebiet« vom ehemaligen Schloß des Deutschritterordens aus.

Die Sage will wissen, die Mainau habe einst einem verwaisten Fräulein von Bodman gehört, die einen Ritter von Langenstein geliebt habe. Der Langensteiner sei mit seinem Lehnsherrn, dem Abt der Insel Reichenau, auf einem Kreuzzug in arabische Gefangenschaft geraten. Er gelobte, falls er zurückkehre, in einen Orden einzutreten. Heimgekehrt trat er dem Deutschritterorden bei. Da eine Heirat nun außerhalb der Möglichkeiten lag, schenkte ihm das Mädchen die Insel für den Orden.

Sicher ist, daß Arnold von Langenstein vor rund 700 Jahren die Insel dem Deutschritterorden schenkte, daß er selbst mit seinen Söhnen (!) dem Deutschorden beitrat und daß seit dieser Zeit bis zur Säkularisation die Deutschordenskommende Mainau bestand, auf der im Laufe der Jahre

66 Komture residierten. Der Deutschordensbaumeister Giovanni Caspare Bagnato erbaute im 18. Jahrhundert das Schloß und die Kirche. Im Dreißigjährigen Krieg hatte die gesegnete Insel Übles mitzumachen. Komtur von Hundbiß mußte seine damals mit 14 Wehrtürmen bestückte Insel den Schweden übergeben. Zum Glück war ein Jahr später der Krieg beendet; viele Untertanen der Mainauer Kommende waren vor Hunger oder an der Pest gestorben.
An diese Zeit erinnert ein Kreuz am Steg zur Mainau. Die erstaunlich gute Bronzegruppe ist ein Werk der deutschen Renaissance von 1577. Sie trägt im Volksmund den Namen »Schwedenkreuz«, weil sie angeblich von den Schweden in den See geworfen worden sei. Eineinhalb Millionen besuchen über diesen Steg oder per Schiff alljährlich die Blumeninsel, eine Million Blumenzwiebeln stecken im Boden; Zypressen, Mammutbäume, Agaven wie an der italienischen Riviera, nicht nur blühende Orangen, Zitronen- und Mandarinenbäume, auch früchtetragende kann man auf der »Maien-Aue« bewundern. Das Tropenhaus auf der Seeterrasse bietet Orchideen und exotische Vögel.
Bewundert werden im Frühjahr die Tulpen und Narzissen, im Sommer der Rosengarten mit 20 000 Rosenstöcken und im Herbst die Dahlienschau.
Zu guter Letzt kann man sich im »Torkelkeller« am Seehafen in einem 25 000-Liter-Riesenfaß seinen Wein kredenzen lassen und in der Schwedenschenke schwedische Leckerbissen bestellen.
Bernadotte gehört zu den in der Öffentlichkeit aktiven Männern am See. Bis vor wenigen Jahren hat er ein internationales Jugendzentrum auf seinem Schloß beherbergt. Er ist der Initiator des Landschaftsschutzes, er verleiht alljährlich die »Grüne Schürze der Mainau«. (Der letzte Träger war Ministerpräsident Filbinger). Auf seine Anregung hin wurde auf der Mainau das »Bodenseemanifest« aus der Taufe gehoben, und er ist auch der Schutzherr des alljährlichen Treffens der Nobelpreisträger in Lindau.
Die Insel Mainau wurde 1972 zusammen mit Litzelstetten nach Konstanz eingemeindet.

Exoten am Bodensee

Nicht nur auf der Mainau kann man subtropische Vegetation am See bewundern. Der Bodensee, als ungewöhnliche Wärmeoase im Voralpengebiet, kennt bei einer Jahresdurchschnittstemperatur von + 9 Grad Celsius zwischen Mitte April und Ende Oktober kaum Nachtfröste. So gedeihen nicht nur Obst und Gemüse, sondern auch Pflanzen, die man sonst selten findet – oder doch nur in einzelnen Exemplaren. Fast jeder Park des Bodenseegebiets besitzt z. B. einen kalifornischen Mammutbaum. Diese Bäume, denen hohe Luftfeuchtigkeit ebenso wichtig ist wie gleichmäßige Wärme, wurden alle 1870 gepflanzt. Zedern sind in wenigstens drei Arten vertreten, die bekannteste, die Zeder des Libanon, daneben die Atlaszeder aus Marokko und schließlich der »Götterbaum Indiens«, die Himalaya-Zeder.

Ohne Zypressen würde etwas von der Vorstellung vom »Süden« fehlen, den diese Bäume dem Nordländer zusammen mit den verschiedensten Koniferen-Arten vermitteln. Stellvertretend für die Vielzahl der Nadelhölzer sei Deutschlands größte Kiefer, der kalifornische Pinus jeffreyi, genannt. Der Baum steht im Park von Lindenhof in Lindau. Dort wächst auch eine Riesenmagnolie. Kaukasische Nordmannstannen, kalifornische Grautannen, japanische Hibalebensbäume vervollständigen den Bestand der Nadelhölzer.

Daß unsere heimischen Laubbäume besonders prächtig gedeihen, zeigen riesige Silberpappeln auf der Mainau und gewaltige Linden, Eichen und Buchen in Überlingen oder auf der Reichenau. Der 40 m hohe Tulpenbaum im Schloßhof der Mainau gilt als ein Riese unter seinen Artgenossen. Nordamerikanische Amberbäume wachsen in den Parks von Rheineck/SG und Bad Schachen. Der größte Amberbaum aber, eine dornenlose Form, gedeiht in den Anlagen von Bregenz/V. Der empfindliche Götterbaum aus China ist am Bodensee ganz heimisch geworden. (Er hat überall

den kalten Winter von 1928/29 gut überstanden.) Riesenblättrige Bananenbäume, Dattelpalmen, Hanfpalmen und bis zu 10 m hohe Bambusgewächse ergänzen die südliche Vegetation.
Erstaunliche Größen erreichen im Überlinger Stadtgarten die Kakteen aus südlichen Trockengebieten.
Während der 100 Jahre, in denen schon am Bodensee subtropische Gewächse gezogen werden, hat sich durch reiche Erfahrung die gärtnerische Pflege dieser Pflanzen verfeinert, so daß auch die üblichen Parkgewächse unserer Breitengrade wie Rhododendren, Dahlien, Gladiolen, Cannas, Flieder und Magnolienbäume nicht nur reichlich, sondern immer in erlesenen Anlagen vertreten sind. Eine besondere Attraktion in Lindau stellt der berühmte Alpenpflanzengarten von Sündermann dar, eine Anlage von einzigartigem Reichtum. (Der Seeburgpark in Kreuzlingen/TG besitzt einen Gewürzgarten nach altem Klosterbrauch, Schaffhausen/SH hat einen im Klostergarten Allerheiligen.) In Neuhaus über Friedrichshafen wird der private Versuchs- und Schaugarten »Gnadenau« ohne künstliche Bewässerung unterhalten. Diese Parkanlagen beweisen eindrucksvoll das »südliche Klima«.

Wo Orchideen blühen, gedeihen auch Nutzpflanzen

Weniger deutlich zeigt sich für den gelegentlichen Bodenseegast das viel wichtigere Produkt dieser bevorzugten Landschaft: Obst und Gemüse. Romantiker sprechen von der »Fruchtschale Bodensee«, Kenner reden von Äpfeln.
Alles übrige Obst spielt keine Rolle. 93 Prozent der Bodenseeobstproduktion sind Äpfel und nichts als Äpfel. Die restlichen 7 Prozent teilen sich in alle anderen Obstsorten, Birnen 4 Prozent, Kirschen 1 Prozent, Pflaumen 1 Prozent, Beeren 1 Prozent, und Pfirsiche gibt es gar nicht. Bei den Äpfeln sichern sich drei Sorten 70 Prozent des Anteils: Goldparmäne, Cox-Orange-Reinette und der große Golden Delicious. Aus dem alten »Arbeitskreis Bodenseeobst« wurde der Verein »Obstregion Bodensee«. Das Marken-

zeichen der Äpfel heißt aber nach wie vor »Deutsches Bodenseeobst«.
So wichtig wie das Geschäft mit den Äpfeln, ist für einige Regionen der Gemüseanbau, allen voran für die Reichenau. Die Insel kann man heute als eine einzige große Gärtnerei sehen, das Frühbeet Deutschlands mit jährlich zwei bis vier Ernten. Dank der klimatischen Voraussetzungen für eine Gartenkultur, die Edelgemüse produziert, können eine ganze Reihe von Sorten ganzjährig angeboten werden. Der Schwerpunkt liegt im Frühgemüsebau. 300 Schlepper und 200 Motorhacken arbeiten auf der Insel. Ein Leitungsnetz von 50 000 m Länge und 1000 Zapfstellen gewährleistet mit dem unerschöpflichen Wassereservoir Bodensee im Rücken auch im trockensten Sommer eine gute Ernte. Folientunnel statt der Glashäuser lassen neuerdings das Frühgemüse um weitere 14 Tage früher reifen als üblich. Die Erzeuger schlossen sich in der Genossenschaft »Reichenau-Gemüse« zusammen. Sie sorgt nicht nur für Absatz, sondern auch für gleichbleibende Qualität, Sortierung und Verpackung. Sie stellt die fachmännische Beratung und besitzt ein eigenes Labor für ständige Bodenuntersuchungen.
Die Reichenau verkauft pro Jahr (1971) 15 Millionen Kilogramm Gemüse und erzielt damit einen Umsatz von 10 Millionen DM.
Wenn man die Mainau die Blumeninsel nennt, muß man die Reichenau die Garteninsel nennen.

Natur- und Landschaftsschutz

Am Natur- und Landschaftsschutz scheiden sich endgültig die Geister. Interessengruppen wollen den Bodensee für ihre Zwecke brauchen oder mißbrauchen. Die einen möchten sein Wasser trinken, die anderen darauf segeln und Motorboot fahren. Die einen wünschen ihn als Naturdenkmal zu erhalten, und die anderen bemühen sich, dieses Naturdenkmal für den Fremdenverkehr zu nutzen. Wieder andere wollen jede Industrie verbannen, obwohl sie von ihr leben. Auch ideologisch verbrämen lassen sich materielle Wünsche, man spricht von Gemeineigentum der Ufer und denkt an Rummelplätze, mit denen sich Geld scheffeln läßt.
So stoßen die Interessen oft hart aufeinander, und es ist manchmal schwer zu entscheiden zwischen notwendig, nützlich und wünschenswert. Obwohl fast das ganze Seegebiet außerhalb geschlossener Ortschaften unter Landschaftsschutz oder sogar Naturschutz steht, wird oft gegen deren Richtlinien verstoßen.
Ein Erlaß des baden-württembergischen Innenministers will die Zerstörung der Bodenseelandschaft verhindern. Dadurch fühlen sich manche Gemeinden in ihrer »Planungshoheit« beeinträchtigt.

Europa-Park oder Rummelplatz

Man muß aber unterscheiden: Ein »Europa-Park westlicher Bodensee« kann ein sinnvolles Unterfangen sein, das der Erholung ebenso gerecht wird wie dem Landschafts- und Naturschutz und das vor allem den See nicht weiter verschmutzt. Wenn aber die Stadt Konstanz für einen Sportplatz Gelände vorsieht, das in das Naturschutzgebiet des Wollmatinger Rieds hineinragt, dann ist das ein schlechtes Beispiel. Denn jeder kleinste Verstoß einer Gemeinde dient anderen als Vorwand bei größeren Verstößen.

Manche Gemeinde hat einen Weg gefunden, dem Erholungsbedürfnis gerecht zu werden, ohne neue Gefahren heraufzubeschwören. Rorschach/SG konnte durch Aufschüttung seine Seeufer-Promenade auf 2 km vergrößern und sie gleichzeitig als Park gestalten. Wenn zu solchen Zwecken private Grundstücke aufgekauft werden, ist das nur sinnvoll. Wenn aber die Stadt Meersburg einen Uferstreifen von einem Kilometer Länge und 100 Metern Breite als »Erholungszentrum Meersburg-West« für 5500 Gäste zur Verfügung stellen will, so wird man dem Landschaftsschutz nicht widersprechen können, der darin einen Rummelplatz sieht. Ein Parkplatz für 1500 Autos unmittelbar am See und ein eigener Motorboothafen muß die Naturschützer auf den Plan rufen. Immerhin gibt es am Bodensee 25 Naturschutzvereinigungen mit 11 000 Einzelmitgliedern.
Wenn die Gemeinden in solchen Fällen davon sprechen, der Allgemeinheit zu dienen, dann ist damit nur die Absicht bemäntelt, sich vom Fremdenverkehrskuchen ein besonders großes Stück abschneiden zu können, die Allgemeinheit aber wird empfindlich geschädigt.

Erhalten oder kommerziell nutzen

Es sind letztlich nicht viele widersprechende Interessen, sondern genaugenommen nur zwei: soll der Bodensee als einmalige Landschaft erhalten bleiben oder will man ihn kommerziell nutzen? Die Antwort darauf wird immer ein Kompromiß sein. Da es der einzelnen Gemeinde begreiflicherweise oft schwerfällt, sich einer sich bietenden neuen Einnahmequelle zu verschließen, war der »Hochhauserlaß« des baden-württembergischen Innenministers sicher nötig.
Damit werden aber die Schwierigkeiten nicht aus der Welt geschafft. Jede Gemeinde muß sich immer wieder von neuem dem Problem stellen. Der Feriengast wünscht einen möglichst unberührten, menschenleeren stillen See. Die Bodenseegemeinden sind bereit, ihm das zu bieten. Je mehr

Menschen aber von der Stille, der Unberührtheit, der Schönheit angelockt werden, je mehr man »bieten« will, um so weniger werden diese Eigenschaften zu finden sein.
Was die Wirtschaftler in einem Symposium im Herbst 1971 in der Hochschule St. Gallen für den Bereich der Wirtschaft für richtig fanden, das sollte auch ein Leitziel für den Fremdenverkehr am See werden: mehr Qualität statt Quantität. Wenn es gelingt, alle Fragen bewußt unter diesem Motto zu sehen, dann werden sich viele sinnvolle Möglichkeiten eröffnen, ohne die Sorgen um die Erhaltung der Landschaft zu vergrößern.
Sinnvoll ist es auch, Autostraßen so weit wie möglich vom See entfernt zu halten, damit kein Benzpyren in den See gelangt. Das ergibt sich aus neuesten Erkenntnissen über die Bedeutung der Verschmutzung durch Teer, Mineralöl und Asphaltprodukte, wobei Benzpyren als Erreger des Lungenkrebses gilt. Benzpyren ist das Reibungsprodukt von Autoreifen auf der Asphaltdecke der Straße. Die dabei verursachte Gefährdung ist viel größer als durch Mineralöl, das direkt in den See gelangt. Das wurde bisher zuwenig beachtet. Erst in jüngster Zeit haben umfangreiche Versuche gezeigt, daß von allen ufernahen Plätzen und Straßen der Regen unaufhörlich Benzpyren in den See schwemmt.
Eine kleine Bremse zur Verhütung ärgster Übel könnten die 13 »Grundsätze für Naturschutz und Landschaftspflege im Bodenseegebiet« sein, denen die Landräte aller sechs deutschen Bodenseekreise anläßlich der Siebten Oberschwäbischen Landschaftsversammlung zugestimmt haben. Der Erlaß des Innenministers verlangt auch, daß Anlagen und Bauten aller Art nur dann zugelassen werden dürfen, wenn die einwandfreie Beseitigung aller Abwässer und sonstigen Verschmutzungen sichergestellt ist.
Es bleibt schwer, die widerstreitenden Interessen in der Praxis in Einklang zu bringen.

Schutzmaßnahmen

Theoretisch ist man sich darin einig, daß die Landschaft des Bodensees möglichst unverändert erhalten bleiben muß und mit ihr einige der schönsten Naturschutzgebiete Europas.

Am deutschen Ufer gelten die Bestimmungen des Natur- und Landschaftsschutzes, die jetzt durch den Erlaß des Innenministers im baden-württembergischen Teil praktisch verschärft wurden.

An den deutschen Ufern sind einige begrenzte Naturschutzgebiete, die ganze übrige Uferregion untersteht dem Landschaftsschutz. Er wird oft auch auf weite Gebiete landeinwärts ausgedehnt.

Der Schutz der Uferzonen ist in der Schweiz etwas anders geregelt. Ein Bundesgesetz über Natur- und Heimatschutz verbietet ganz allgemein das Zerstören der Ufervegetation an öffentlichen Gewässern. Am schönsten Stück des Untersees sorgt eine vorbildliche Bau- und Zonenordnung der Gemeinden Tägerwilen/TG, Gottlieben/TG, Triboltingen/TG und Ermatingen/TG für zusätzlichen Schutz.

In Vorarlberg gilt ein 500 m breiter Streifen um alle Seen des Landes als Naturschutzgebiet. Darüber hinaus besitzt Vorarlberg weitere zwölf Naturschutzgebiete.

Die Naturschutzgebiete

Das Wollmatinger Ried wurde 1969 mit dem »Europa-Diplom« ausgezeichnet. Zwischen Konstanz, Hegne und der Reichenau gelegen, gilt es als eines der wertvollsten Schutzgebiete des Kontinents. Man ist nun bestrebt, die Schutzzone über das Wasser hinweg zum Schweizer Ufer auszudehnen, um sie mit dem Vogelschutzgebiet des Ermatinger Beckens zu vereinigen.

Inmitten des Bodanrück, eines »wahren Freilichtmuseums für Baumfreunde«, bestehen zwei Naturschutzgebiete, eines am Homberg, das andere am Mindelsee. Ähnlich eingestreut liegen kleinere Naturschutzgebiete auf der Höri.

Wasserburg, früher eine Insel, heute durch einen Damm mit dem Festland verbunden, Reste eines römischen Wachturms von 368 n. Chr. Unter St. Galler Herrschaft (seit etwa 900) gut befestigte Wasserburg. (Foto: Franz Thorbecke, Lindau)

Zur Flora jedes Sees gehört das Schilf. Es ist Nistplatz der Vögel und Laichplatz der Fische. Dieser Schilfbestand ist gefährdet und schon an vielen Stellen sichtbar reduziert: durch Algen und durch Motorboote. Die Anreicherung des Sees mit Phosphaten fördert durch den vorhandenen Stickstoff die Ausbreitung der Algen, die an den Wurzeln des Schilfs zur Fäulnis führen. Die harten Wellen der Motorboote besonders in Ufernähe entwurzeln das kranke Schilf. So vermindert es sich Jahr um Jahr.

Die Wasservögel

Wasservögel bestimmen die Fauna des Bodensees. Ihr Eldorado ist der Untersee, der manchmal mit dem Wattenmeer verglichen wird. Er trocknet zwar nicht alle zwölf Stunden aus, aber wenigstens einmal im Jahr, dann bleibt nur eine vom Rhein durchflossene Rinne übrig.
Im Herbst wird er deshalb der bei weitem bedeutendste Entenliegeplatz des Sees. Man bemüht sich, das Ermatinger Becken/TG des Untersees zum internationalen Vogelreservat erklären zu lassen und die traditionelle Belchenjagd der Konstanzer vom 15. September auf die allgemeinen Jagdzeiten Ende November zu verlegen.
Die Fischer wissen, daß die Felchen durch den Schmutz fetter werden. Ähnliches zeigt sich bei manchen Vogelarten, die sich stärker vermehren als bisher, das gilt vor allem für Haubentaucher, Kormoran und Schwarzmilan. Im Winterhalbjahr versammeln sich die Haubentaucher dort, wo das Seewasser auf Grund der Abwasserzuflüsse die schlechteste Güteklasse erreicht hat. So zählte man in der Bregenzer Bucht bis zu 4500, in der Rorschacher Bucht bis 2000, im Eriskircher Ried bis 850, im Seerhein bis 1700 und im Zeller See bis 1500 Exemplare. Im Gegensatz dazu suchen ihre Artgenossen, die Prachttaucher, nur nährstoffarme Gebiete auf.
Man kann nicht alle Vogelarten aufzählen, die das Seengebiet beherbergt, ob als Dauerbewohner, Sommer- oder Wintergäste. Nicht vergessen werden sollte aber, daß der

Bodensee für Zugvögel eine Leitlinienwirkung besitzt, die sich im Herbst sehr deutlich zeigt, dann ziehen nicht nur Wasservögel, sondern auch alle anderen Zugvögel hier durch. An einem einzigen Tag kann man mehr als 100 Arten registrieren, und bei Friedrichshafen gilt an Tiefdrucktagen eine Zugfrequenz von 100 Vögeln pro Minute für ganz normal. Sie kann sich bis auf 500 pro Minute steigern.

Zwei Vögel, die allen Bodenseebesuchern bekannt sind, wurden noch nicht erwähnt: die Möwe und der Schwan.

Die bekannteste Möwen-Art ist die Lachmöwe. Im Winter sieht man auch die größeren Sturmmöwen, sie haben am See ihr Winterquartier. Seltener sind Silbermöwen. Wo ein Schiff fährt, wird es von Möwen mit ihrem Geschrei begleitet. Den Passagieren macht das Füttern Spaß, weil die geschickten Möwen die Brotbrocken in der Luft fangen können.

Schwäne gibt es noch nicht lange am See. 1920 wurde das erste Schwanenpaar in Rheineck/SG ausgesetzt, heute zählt man allein am Untersee 500 Schwäne, und der Höckerschwan wird teilweise zum Problem, weil im Winter oft bis zu 1000 Stück an die Futterplätze kommen.

Aber was bedeutet diese Zahl im Vergleich zu den übrigen gefiederten Wintergästen, die in den letzten Jahren ständig zunehmen. Man rechnet mit 150 000 Vögeln, die am See überwintern. Den Hauptanteil stellen die Belchen (Bläßhühner) mit 70 000 und die Reiherenten mit 30 000. Sie sind stets willkommen. Sie verzehren beträchtliche Mengen der unwillkommenen Wandermuscheln.

Neuerdings hat man in Bottighofen/TG bei Kreuzlingen/TG die schon seit 250 Jahren ausgerotteten Biber in einem Freigelände neu angesiedelt. Hoffentlich vermehren sie sich in den nächsten 50 Jahren nicht ebenso stark wie die Schwäne.

Ein paar kleinere Zoos vervollständigen die Tierwelt, so in der Waldsiedlung Reichenau, auf der Mainau, in Romanshorn/TG (Tiertrainer Karl Künzler), St. Gallen, Gossau/SG (Walter-Zoo) und Feldkirch/V.

Erholung und Landschaftsschutz müssen sich keineswegs ausschließen. Zu den Erholungsgebieten gehören der Waldpark Peter und Paul in St. Gallen/SG, ein Wildpark im Hegau, der Park für Landschaftsschutz in Bregenz/V, der Botanische Garten in St. Gallen/SG und Naturlehrpfade in Überlingen und Friedrichshafen und landschaftliche Attraktionen wie die Karsthöhlen Vorarlbergs, die aber nicht zu Schauhöhlen ausgebaut wurden und deshalb schwer begehbar sind.
Die große Attraktion aber bleibt der Rheinfall bei Schaffhausen/SH oder genauer bei Neuhausen/SH. Der mächtigste Wasserfall Europas bietet ein Naturschauspiel, das man von verschiedenen Stellen (Pavillon, Känzeli, Fischez) des Parks von Schloß Laufen/SH besichtigen kann. Auf 150 m Breite stürzen die Wasser 21 m tief hinab in ein brodelndes Becken. Fast eine Million Besucher werden alljährlich angelockt. Von Neuhausen/SH aus hat man nicht nur einen Gesamtüberblick über den Wasserfall, man kann sich von dort auch mit dem Boot bis in die Mitte hineinfahren lassen.
Bevor man mit dem Schiff oder auf der Straße nach Schaffhausen kommt, findet man bei Stein am Rhein/SH ein stilles Plätzchen mitten im Rhein: die Insel Werd/TG. Die kleine unscheinbare Otmar-Zelle neben dem großen schloßartigen Gebäude ist eine der ältesten Bauten des Gebietes. Der Eindruck der Stille um die Insel wird noch durch das dichte Schilfgebiet gesteigert, das von Eschenz/TG her den schmalen Steg zur Insel beiderseits begleitet.

■ *Naturschutzgebiete*

Aachquelle – Altenrheiner Ried/SG – Eriskircher Ried – Federsee – St. Gallen/SG (Gitterbrücken und Gübsensee) – Hirschacher Moor – Hödinger Tobel – Hohenbodman – Hohentwiel – Homberg (Bodanrück) – Höri (drei Gebiete auf Halbinsel Horn) – Koblach/V – Marienschlucht (bei der Ruine Kargegg) – Mettnau/Radolfzell – Mindelsee – Randen/Hegau – Rorschachschlucht/TG – Wollmatinger Ried.

Die Reste der Pfahlbauten haben neue Bewohner bekommen: Graureiher.

Schiffe • Fliegende Schiffe • Raumfahrt

Zwar fuhr schon 1824 der erste Dampfer auf dem Bodensee, aber noch zu Beginn unseres Jahrhunderts wurden diese Schiffe oft von weit her geliefert und mußten am See aus einzelnen Teilen montiert werden.
Gewiß stellte man Fischerboote in Werften am See her, aber selbst kleinere Schiffe wurden in Hamburg gebaut oder kamen noch weiter her.
Erst als Otto Kempf um 1920 in Kreßbronn seine Bodan-Werft gründete, wurde das anders. Immerhin dauerte es fünf Jahre, bis er außer Fischerbooten endlich auch große Schiffe herstellen durfte. 1925 liefen zwei Fahrgastschiffe für je 150 Personen vom Stapel, die ersten am Bodensee, die mit Dieselmotoren getrieben wurden. Es waren die »Stadt Radolfzell« und die »Konstanz«, letztere verkehrt noch heute auf dem Rhein und dem Untersee.
Inzwischen schwimmen Fahrgastschiffe dieser Werft mit einem Fassungsvermögen von bis zu 1000 Personen auf dem Bodensee, dem Genfer See und Thuner See. Spezial- und Polizeiboote fahren auf Rhein, Mosel und Weser.
Fast alle Schiffe der »Weißen Flotte« – rund 50 Schiffe durchpflügen den See – und alle Fähren wurden in Kreßbronn gebaut, und gelegentlich liefert die Bodanwerft bis nach Persien. Lange aber bevor aus Kreßbronn Schiffe kamen, liefen am Bodensee andere, fliegende Schiffe vom Stapel.

Drei Namen – drei Begriffe

In der »flugnärrischen Stadt« Friedrichshafen wirkten drei Männer, deren Namen untrennbar mit der Luftfahrt verbunden sind: Zeppelin, Maybach und Dornier.
Zeppelin ist durch seine lenkbaren Luftschiffe weltberühmt geworden, Dornier durch epochale Flugzeug-Neukonstruktionen und Maybach durch seine Flugzeugmotoren und Autos.

Sie waren keineswegs die ersten, die sich in diesem Raum mit dem Fliegen beschäftigten.
Wer sich in der Bibliothek des Klosters Schussenried die Deckenmalerei des »Großmalers« Franz Georg Herrmann aus Kempten aufmerksam ansieht, wird einen mit Vogelflügeln ausgerüsteten Mönch im weißen Gewand der Prämonstratenser entdecken: Kaspar Mohr, den fliegenden Pater von Schussenried.
Fast drei Jahrhunderte vor Lilienthal hatte sich Mohr – Prior, Doktor der Theologie, Mathematiker, Mechaniker, Maler und Bildhauer, Schlosser, Schreiner und Drechsler – aus Gänsefedern Flügel gefertigt, die er mit Seilen an Händen und Füßen bewegte. Es wird berichtet, daß er »zwei Stunden weit bis auf eine zum Kloster gehörige Pfarrei fliegen konnte«.

Graf Zeppelin

1838 wurde in Konstanz im heutigen Inselhotel Graf Ferdinand von Zeppelin geboren. Seine Jugend verbrachte er in Giersberg im Thurgau. Seit 1858 württembergischer Offizier, schied er mit 58 Jahren als General aus dem Militärdienst aus, nachdem er seit 1885 zugleich württembergischer Gesandter in Berlin gewesen war.
Schon seit 1873 beschäftigte ihn das Problem des lenkbaren Luftschiffes. Nachdem er seinen Dienst quittiert hatte, widmete er sich ganz seiner Lieblingsidee.
1900 hob sein erstes lenkbares Luftschiff, die »LZ 1«, in Friedrichshafen-Manzell vom Boden ab. Die »fliegende Zigarre« mit der beachtlichen Länge von 128 m und fast 12 m Durchmesser faßte über 11 000 Kubikmeter Gasinhalt.
Das Luftschiff führte drei Fahrten aus: eine erste von 18 Minuten, die zweite von 80 Minuten, die dritte und letzte von 24 Minuten. Diese Versuche ließen erkennen, daß die Motorenleistung nicht ausreichte, man hatte den Reibungswiderstand der großen Luftschiffoberfläche zu gering eingeschätzt.

Die Geldmittel waren ausgegangen, das Luftschiff wurde abmontiert und das teure Aluminium wieder eingeschmolzen. Erst 1904 konnte Graf Zeppelin eine neue, feste Landehalle am Manzeller Ufer bauen. Triumphe, Niederlagen und auch Natur-Katastrophen standen an der Wiege der Luftschiffahrt. Immer neue Luftschiffe wurden konstruiert und dann konnte während des ersten Weltkriegs eine Ostafrikafahrt unternommen werden.
Voraussetzungen waren die von Wilhelm und Karl Maybach entwickelten Motoren, die jetzt statt der ersten mit 16 PS im Jahre 1911 150 PS leisteten und damit dem »Zeppelin« eine Fahrtgeschwindigkeit von 75 km verliehen.
Aber immer wieder folgten auf erfolgreiche Fahrten schreckliche Unglücksfälle an Landeplätzen.
Zeppelin besaß die Kraft, immer wieder von neuem zu beginnen. Als er 1917 in Berlin starb, hatten sich seine Ideen so weit durchgesetzt, daß die Zeppelinwerft und die Maybachmotorenwerke in seinem Sinne weiterarbeiteten.
Nach dem Kriege wurden große Verkehrsluftschiffe gebaut, die dann zwischen 1933 und 1937 einen regelmäßigen Transozeandienst nach New York aufnahmen.
1937 war die Luftschiffahrt praktisch zu Ende. Was man schon vermutete, glaubt man nun genau zu wissen. Ein Sabotageakt hat bei der Landung in Lakehurst 34 Menschen und die LZ 128 vernichtet. Der Krieg verhinderte einen Neubau. Heute, so meinte der bekannte Zeppelinkapitän Dr. Hugo Eckener, ist Schnelligkeit Trumpf und damit die Zeit des Luftschiffes vorüber.
Ob er recht behält, wird sich zeigen. Die Schlichting-Werft in Travemünde begann Vorarbeiten zur Entwicklung eines 324 m langen Luftschiffes mit Kernenergie-Antrieb. Es soll 500 Passagiere und 50 Tonnen Fracht fassen und dabei eine Reisegeschwindigkeit von 350 Stundenkilometern entwickeln.
Zeppelins größtes Verkehrsluftschiff beförderte 72 Passagiere mit 130 Stundenkilometern.
Ehemalige Angehörige des Zeppelin-Konzerns, zu einer

»Gesellschaft zur Förderung der Luftschiffahrt« zusammengeschlossen, beginnen wieder zu hoffen. Vom modernen Tourismus versprechen sie sich die Wiederkehr des Luftschiffes. Mehr Passagiere sollen zu niedrigeren Preisen und auf geruhsamerer Erholungsreise durch die Lüfte transportiert werden.

Sie sind nicht die einzigen, die auf die Wiederkehr einer Zeppelin-Ära hoffen. In den USA wie in der UdSSR und auch in Holland plant man ernsthaft den Bau von Luftschiffen. Die Sowjetunion will 500 Passagiere befördern können, in den USA denkt man an ein atomgetriebenes Luftschiff, das mit einer einzigen Treibstoffladung sechs Jahre in der Luft bleiben kann. Die größte Chance aber wird den Luftschiffen wegen der Attraktion für den Tourismus eingeräumt und aufgrund der Möglichkeit, bis zu 500 Tonnen zu transportieren, Gebiete, bei denen die Geschwindigkeit keine entscheidende Rolle spielt.

Die inzwischen verwendeten explosionssicheren Gasfüllungen haben neue Pläne überhaupt erst realisierbar erscheinen lassen.

Maybach

Zweifellos hätte Zeppelin ohne die von Maybach entwickelten Flugmotoren seine großen Luftschiffe nie bauen können.

Wilhelm Maybach war Freund, Mitarbeiter und Chefkonstrukteur von Gottfried Daimler bis zu dessen Tod. Für ihn hatte er den ersten Flugmotor entwickelt, der allerdings praktisch noch kaum verwendbar war.

Die Forderung schien einfach: ein leistungsstarker Motor von geringem Gewicht in zuverlässigem Dauerbetrieb. Das praktisch zu verwirklichen, erforderte viele Jahre.

Dreiundsechzigjährig gründet Maybach zusammen mit seinem Sohn Karl die »Luftfahrzeug-Motoren-GmbH« in Bissingen, die 1912 nach Friedrichshafen verlegt wurde.

Nach der Katastrophe von Echterdingen, bei der Zeppelin seine LZ 4 verlor, ermöglichte eine große Hilfsaktion den

Bau weiterer Luftschiffe. Maybach spendete drei Motoren mit je 150 PS Leistung für die LZ 7, dem ersten Verkehrsluftschiff der Welt.

Die Leistung der Motoren wurde von Jahr zu Jahr gesteigert, das Gewicht reduziert, die Betriebsdauer verlängert, durch brandsichere Vergaser verbessert.

Wilhelm Maybach gilt auch als der Erbauer des ersten Automobils. Er war als erster davon abgekommen, Motoren in Fahrzeuge einzubauen, die für den Zug mit Pferden geschaffen waren. Er hatte schon 1889 den ersten »Stahlradwagen« und 1900 den ersten »Mercedes« gebaut, Fahrzeuge, die eigens für den Schub konstruiert waren.

Als Gottlieb Daimler 1900 starb, entwickelte Maybach für den Wiener Großkaufmann und Generalkonsul Emil Jellinek ein Gefährt, das bereits wie ein Auto aussah und auf den Namen von Jellineks Tochter »Mercedes« getauft wurde. Mit 40 PS gewann es überlegen das Rennen von Nizza gegen eine Konkurrenz von Vehikeln mit nur eingebauten Motoren.

Die Autobautradition hat Wilhelm Maybach nie aufgegeben. 1922 lief der erste Maybach-Luxus-Personenwagen und 1929, im Todesjahr Wilhelm Maybachs, folgte die Sensation: der Maybach-Zwölfzylinder, der »deutsche Rolls Royce« mit Schnellganggetriebe. Er wurde der Wagen der Millionäre und inzwischen ein begehrtes Fahrzeug der Oldtimerfahrer und Snobs.

Und heute? Sämtliche deutschen Dieselloks, ein Großteil der Unterseeboote der westlichen Welt werden von MTU-Dieselmotoren mit bis zu 5000 PS betrieben, und fast alle europäischen Atomkraftwerke wurden mit Notstromaggregaten aus Friedrichshafen ausgestattet. Inzwischen ist die Firma zur MTU vereinigt, an der sich Daimler, Mercedes-Benz und MAN beteiligen.

Dornier und neue Weltrekorde

Wer in den letzten Julitagen 1971 am Bodensee weilte, konnte ein seltenes Flugzeug beobachten. Ein dreimotoriges Flugboot DO 24 zog seine Kreise über dem See. Dornier hatte 1936 von diesem Modell 200 Stück gebaut und jetzt diese bis vor kurzem im spanischen Seenotdienst vor Mallorca eingesetzte Maschine für das Museum zurückgekauft. Das Boot ist nach 35 Jahren auf seinem letzten Flug in die Heimat zurückgekehrt.

Wer heute den Namen Dornier hört, denkt aber zuerst an Raumfahrt, an Höhenforschungsraketen, an »Weltraumschlepper«. Genaugenommen liegt das auch auf der Linie von Claude Dornier, der als Luftfahrtpionier seiner Zeit immer ein Stück voraus war. Im benachbarten Kempten geboren, entstanden in Friedrichshafen seine ersten Leichtmetallflugzeuge. Hier entwickelte er das Prinzip des Tiefdeckers. Mit dem Dornier-Wal wurde Claude Dornier 1922 dann erstmals weltbekannt. Wolfgang von Gronau hat auf diesem Flugboot den Sprung nach den USA gewagt.

Dem Dornier-Wal folgte eine weitere Sensation, das Riesenflugboot »DO-X«. Zwölf Motoren, erstmalig in Tandemanordnung, entwickelten 7200 PS und trugen ein Ungeheuer von 40 m Länge und 48 m Breite mit 170 Passagieren, zehn Mann Besatzung und einer Stundengeschwindigkeit von 170 km durch die Lüfte. Auf dem Amerikarundflug legte es 40 000 km zurück.

Es wurde während des Krieges in Berlin durch Bomben zerstört. Heute teilt sich Dornier in mehrere Firmen. In Lindau werden Textilmaschinen gebaut, in Altenrhein/SG Motor- und Segelflugzeuge für die Zivilluftfahrt.

In Friedrichshafen aber hat man sich wie eh und je dem Fortschritt verschrieben. Auf dem Programm des Forschungszentrums stehen Flugzeug-Entwicklung und -Erprobung, Senkrecht- und Kurzstart, Hubschraubertechnik, Raumfahrt, Satellitentechnik. Dornier machte vor kurzem durch eine Höhenforschungsrakete von sich reden, die bei

einer Geschwindigkeit von 1500 m pro Sekunde 130 kg Nutzlast 200 km hoch trägt. (Im vergangenen Jahr wurde aus Friedrichshafen der 350. Hubschrauber geliefert.)
Die Dornier-Werke haben mit dem von ihnen entwickelten »System Kiebitz« nachgewiesen, daß es möglich ist, eine unbemannte, gefesselte Rotorplattform mit Hilfe einer automatischen Lageregelung im Weltenraum zu stabilisieren.
Donier hat auch die Entwicklung des »Helios-Experiments Nr. 6« zur Messung der kosmischen Strahlung im interplanetaren Raum übernommen. Das Firmenkonsortium »Star«, dem auch die Dornier-Werke angehören, soll ein Satellitensystem ausarbeiten, das den Telefonverkehr zwischen den wichtigsten Städten Europas verbessert sowie Fernsehprogramme austauscht. Daneben produziert man den zweimotorigen »Dornier Skyservant«, während im Bereich der Forschung und Entwicklung neben anderen der Strahltrainer »Alpha-Jet«, eine Gemeinschaftsproduktion mit der französischen Firma Dassault-Bréguet, auf dem Programm steht.
»Aeros«, ein deutscher Forschungssatellit, wurde im Sommer 1972 in seine Umlaufbahn geschossen.
Das flügellose, senkrecht startende Fluggerät »Aerodyne« konnte nach einer Entwicklungsarbeit, die 7 Millionen DM gekostet hatte, nun praktisch erprobt werden.
Dornier hält inzwischen alle Weltrekorde von Motorflugzeugen der Nachkriegszeit für die Deutsche Luftfahrtindustrie: »Dornier Skyservant« erreichte die höchste Höhe, mit der größten Last, in der kürzesten Zeit. »DO 31«, der erste senkrechtstartende Strahltransporter, erflog 1969 fünf Weltrekorde.
Der »Vater der Dornier-Werke«, Professor Dr. Claude Dornier, hat inzwischen die Leitung der Unternehmen an seine Söhne abgegeben.

1625 Dr. Kaspar *Mohr,* Prior von Kloster Schussenried, der fliegende Pater, gestorben.
1824 Erstes Dampfschiff auf dem Bodensee.
1838 *Graf Ferdinand von Zeppelin* in Konstanz geboren.
1846 *Wilhelm Maybach* in Cannstatt geboren.
1879 *Karl Maybach* geboren, Sohn Wilhelm Maybachs.
1884 *Claude Dornier* in Kempten geboren. Ganzmetall-Flugzeugbau eingeführt, Tiefdeckerprinzip, DO-X.
1892 Erstes Motorboot mit Luftschraubenantrieb vor Friedrichshafen von Daimler, Zeppelin und Kober entwickelt.
1900 LZ 1, 128 m lang, 11 300 cbm Gasinhalt, mit zwei Motoren von je 16 PS in Friedrichshafen gestartet.
1908 Luftschiffbau GmbH von Zeppelin gegründet.
LZ 4 (136 m) bei Echterdingen zerstört.
1909 *Wilhelm und Karl Maybach* gründen die »Luftfahrzeug-Motoren GmbH« in Bissingen.
1910 *Ernst Schlegel* (* 1882 Konstanz), erster Flug mit selbstgebauter 60-PS-Propellermaschine.
1911 LZ 7, erstes Verkehrsluftschiff der Welt.
LZ 10 »Schwaben«, erstes Luftschiff mit drei Maybach-Motoren zu je 150 PS, 75 km/h, Kapitän Dr. Hugo Eckener (218 Fahrten, 27 000 km).
1912 LZ 13, 148 m, mit Leitwerk am Heck.
Luftfahrzeug-Motoren GmbH nach Friedrichshafen verlegt.
1913 *Ernst Schlegel,* genannt der »Teufelskerl«, gefördert von Graf Zeppelin, gewinnt 60 000-Goldmark-Wettflug. Seit 1912 ist er Chef der ersten deutschen Offiziers- und Herrenfliegerschule Gotha.
1915 L 10, 163 m, reiner Kriegstyp.
1916 Luftschiffe mit 17 000 kg Nutzlast und 36 000 cbm Inhalt.
LZ 104 fliegt 6800 km weit nach Ostafrika.
1917 *Dornier-Metallbau GmbH* in Friedrichshafen gegründet.

Zeppelin in Berlin gestorben. Erster überverdichteter Flugzeugmotor MB IV a.

1918 Luftschiffe mit 44 000 kg Nutzlast und 62 000 cbm Inhalt. 211 m (L 71 = letzter Kriegstyp).

1919 LZ 120 »Bodensee«, 121 m. Beginn der Entwicklung von Dieselmotoren für Schienenfahrzeuge, der 1918 in »Maybach-Motorenbau GmbH« umbenannten »Flugzeug-Motorenbau GmbH«.

1920 Gründung der *Bodanwerft* in Kreßbronn.

1922 *Dornier-Wal,* Tiefdecker-Metallflugboot auf Jungfernflug.

Erster *Maybach-Personenwagen,* ein Luxusfahrzeug.

1925 *Erste Fahrgastschiffe* der Bodanwerft, die »Stadt Radolfzell« und die heute noch am Untersee verkehrende »Konstanz« mit je 150 Personen Fassungsvermögen laufen vom Stapel.

Es sind die ersten Dieselmotorschiffe am Bodensee.

1927 8 Verkehrszeppeline hatten bisher 1671 Flüge durchgeführt. Gesamtfahrzeit: 3707 Stunden, Gesamtstrecke: 230 000 km mit 38 000 Passagieren.

1928 LZ 127, »Graf Zeppelin«, 235 m.

1929 »DO-X« startet vor dem Dornierwerk in Altenrhein/SG vom Wasser. 12 Motoren in Tandemanordnung, zusammen 7200 PS, tragen 170 Passagiere in einem 40 m langen und 48 m breiten Koloß mit 170 Stundenkilometern.

Maybach-Zwölfzylinder-Personenwagen mit Schnellganggetriebe, »der deutsche Rolls Royce«.

Wilhelm Maybach 84jährig gestorben.

1930 DO-X 40 000 km auf Amerikarundflug.

(Während des Krieges in Berlin durch Bomben zerstört).

»Fliegender Hamburger« mit Maybach-Antrieb.

1933 Regelmäßige Transozean-Passagier-Luftschiffahrt.

1936 LZ 129, »Hindenburg«, 248 m lang.

1937 Mit der Katastrophe von Lakehurst, Ende der Luftschiffahrt. Friedrichshafener Werft hat insgesamt 120 Zeppeline gebaut.

1950 Lindauer Dornier GmbH baut Textilmaschinen; Dornier-System Friedrichshafen: Raumfahrtforschung mit 600 Spezialisten; Flug- und Fahrzeugbau AG Altenrhein ist seit 1948 ein rein schweizerisches Unternehmen geworden.

1960 *Karl Maybach* gestorben.

1969 Maybach-Motorenbau GmbH in die *Motoren- und Turbinen-Union* Friedrichshafen umgewandelt.

MTU (Vereinigung von Maybach, Mercedes-Benz, Daimler-Benz und MAN). Spezialität: Hochleistungsdieselmotoren bis 5000 PS.

Porsche-Diesel-Motorenbau, Kreuzlingen/TG, Tochter von MTU Friedrichshafen: Schlepper aller Art, 2000 Beschäftigte.

Dornier erringt mit der »DO 31«, einem senkrechtstartenden Strahltransporter, fünf neue Weltrekorde.

1970 50 Jahre Bodanwerft. Neben vielen Spezial- und Polizeibooten 42 Fahrgastschiffe (bis zu 1000 Personen fassend) und alle Bodenseefähren gebaut.

Vorarbeiten für ein mit Kernenergie getriebenes Großluftschiff in Travemünde.

1971 Eine DO 24 kehrt nach 35 Jahren nach Friedrichshafen zurück in das Dornier-Museum.

Prof. Dr. Claude Dornier feiert im Konzilsgebäude Konstanz seinen 80. Geburtstag.

Das älteste Schiff der Bodenseeflotte der Deutschen Bundesbahn, die »Allgäu«, hat – seit 1929 – den millionsten Kilometer auf dem See zurückgelegt.

1972 Dornier erzielt mit dem »Dornier Skyservant«, einem zweimotorigen Kurzstartflugzeug, sechs neue Weltrekorde.

»Bodensee-Manifest« und die Industrie

Für Stuttgart ist der Bodensee Wochenendbadewanne und Trinkwasserspeicher. Seit dem so ist, sorgt man sich dort um die Reinheit des Wassers. Der baden-württembergische Landtag hat inzwischen 110 Millionen Mark für diesen Zweck bewilligt und unterstützt alle Bestrebungen, den Bodensee als Erholungsgebiet zu erhalten. Aber nicht nur Baden-Württemberg mit dem größten Bodenseeanteil bemüht sich darum, auch alle anderen Anliegerstaaten sind sich grundsätzlich in diesen Anstrengungen einig.
So hat der Schweizer Bundesrat in Bern/BE den Bau jedes weiteren Atomkraftwerks an der Aare und am Rhein verboten.
Der Streit um den Öl-Pipeline-Bau wurde von allen Betroffenen erbittert geführt, und erst, als eine Reihe von Sicherheitsvorkehrungen getroffen waren, wurde er genehmigt.
In diesem Zusammenhang muß auch die Hochrhein-Regulierung und Schiffahrt gesehen werden. Die Befürworter erwarten sich davon eine intensivere Industrialisierung. Die Gegner lehnen sie gerade deshalb ab. Nachdem der Kanton Schaffhausen nicht zustimmen will, ist an eine Hochrheinschiffahrt vorerst nicht zu denken. Die Arbeitsgemeinschaft Naturschutz möchte aber erreichen, daß der Staatsvertrag von 1929 zwischen der Schweiz und Deutschland über die Schiffbarmachung des Rheins bis zum Bodensee annulliert wird. Inzwischen hat der Stuttgarter Landtag überraschend beschlossen, den Ausbau des Hochrheins zur Großschiffahrtsstraße bis zum Bodensee nicht mehr zu verfolgen. Ebenso wird die Verbauung der Bodensee-Ufer immer entschiedener unterbunden. Man denkt neuerdings sogar daran, an bereits verbauten Ufern, die keine andere Lösung zulassen, einen Uferweg aufzuschütten. So wurde ein 10-Millionen-Projekt in Kreßbronn gestoppt, weil man glaubt, einen neunstöckigen Bau am Seeufer nicht vertreten zu können.

Öltürme wurden im Klettgau von den Stimmbürgern abgelehnt. Man könnte die Reihe der Verbote beliebig fortsetzen, ebenso wie die immer neuen Pläne wegen eines Donau-Bodensee-Kanals nach Friedrichshafen, einer Bodenseehochwasser-Regulierung und eines Bodensee-Neckar-Kanals.

Auf Einladung des Grafen Bernadotte trafen sich auf seiner Mainauinsel Vertreter der drei Länder zu einem Gespräch, dessen Ergebnis das »Bodensee-Manifest« war. Darin geht es um Abwasserregelungen, Sperrzonen, Industrieansiedlung und Landschaftsschutz. Das sind Anliegen, um die man sich schon seit Jahren bemüht: Hochhäuser am Ufer sollen vermieden werden, auch neue Fahrstraßen sollen nicht direkt am See entlangführen. Die Bodenseeregion soll als Urlaubs- und Erholungsgebiet erhalten bleiben. Man weiß aber auch, daß industrielle Arbeitsplätze notwendig sind und man den See nicht »unter eine Käseglocke stellen kann«, wenn der Bodenseeraum lebensfähig bleiben soll. Man verhehlt auch nicht, daß Hotelbauten gebraucht werden, denn das bisherige Angebot ist weder ausreichend noch überall komfortabel genug.

Heute findet man im Bodenseegebiet eine urbane Landschaft mit 1,2 Millionen Bewohnern, man glaubt, daß es bis zum Jahre 2000 etwa 1,6 Millionen werden könnten.

Inzwischen hat sich gezeigt, daß es genügend Industrien gibt, für die der Bodensee als Standort geeignet ist. Darunter sind bedeutende Werke, die trotzdem den Bodensee nicht zur Industrielandschaft werden lassen.

Firmen der pharmazeutischen und der Elektroindustrie haben sich im letzten Jahrzehnt erfolgreich am See angesiedelt. Für sie spielt der Standort keine ausschlaggebende Rolle, und alteingesessene Industrien haben von Anfang an die Frage der Zufahrtswege und Materialbeschaffung mit in ihre Planungen einbeziehen müssen.

Nach den neuesten Untersuchungen ist der Bodenseeraum für die nächste Zukunft wirtschaftlich so abgesichert, daß er aus eigener Kraft auch den kulturellen Verpflichtungen genügen kann, die ihm seine Tradition auferlegt.

Die Geschichte des Bodensees hat immer wieder gezeigt, daß jegliche kulturelle Leistung ein gesundes wirtschaftliches Fundament braucht.
Dieses Fundament dokumentiert sich in den großen und kleinen Industriewerken. Dabei sind Größe und Bedeutung oft schwer faßbar. Arbeitsintensive Firmen imponieren durch die hohe Anzahl von Beschäftigten, materialintensive stechen durch ihre hohen Stammkapitalien hervor, umsatzorientierte Betriebe glänzen mit Zahlen. Aber es gibt am Bodensee auch Spezialfirmen, die mit keinerlei Superlativen aufwarten können und die trotzdem die Spitze ihrer Branche halten. Wichtig sind Zulieferer der Flug- und Schiffahrtsfirmen, wozu auch Aluminium- und Elektroinstrumentenwerke gehören und die schon erwähnte chemisch-pharmazeutische Industrie, die sich mit großen und kleinen Spezialbetrieben erst in den letzten Jahrzehnten ansiedelte.

AEG-Telefunken GmbH, Konstanz, Zweigwerk der 1903 in Berlin gegründeten Telefunken GmbH für Nachrichtentechnik. Seit 1967 der AEG eingegliedert. Neuer Baukomplex in Konstanz für 35 Millionen DM, soll zugleich Sitz der »Rechner-Union« werden. AEG-Telefunken und Siemens gründen zu diesem Zweck gemeinsam eine Großrechner-Gesellschaft.

Pumpenfabrik Allweiler, Radolfzell. Kapital: 2,62 Millionen DM, Umsatz: 45 Millionen DM. Mit 90 Prozent an der Seeberger KG Kirchhellen/Westfalen, Spezialfabrik für Bergbaupumpen, beteiligt. Allweiler stellt Pumpen aller Art und Spezialpumpen für die chemische und die Lebensmittelindustrie her.

Aluminium-Walzwerk Singen GmbH gehört zur Schweizer AIAG (Aluminium-Industrie-Aktien-Gesellschaft), Zürich/ZH. 1912 als Folienwalzwerk gegründet von Robert Victor Neher und Dr. Kauber, den Erfindern des Walzverfahrens endloser Bänder. 4000 Beschäftigte.
Zur Gruppe gehören in Deutschland: Martinswerk GmbH, Bergheim/Erft, und Aluminium-Hütte Rheinfelden GmbH, Rheinfelden/Baden. Verwaltet werden alle drei durch die ALIG (Aluminium-Industrie-Gemeinschaft) Konstanz. Spezialität: Größtes Folienwalzwerk in Europa, liefert die Hälfte der in Deutschland benötigten Aluminium-Folien und -Bänder.

Balzer AG, Liechtenstein/FL. Spezialität: Weltraum-Simulierkammern für Testobjekte.

Fritz Gegauf AG *Bernina*-Nähmaschinenfabrik, Steckborn, von Karl Friedrich Gegauf 1890 in Steckborn gegründet. 1893 entstand die erste Hohlsaum-Nähmaschine der Welt und der Monogrammstickapparat. Nach ihm wurde das maschinelle Hohlsaumherstellen »gegaufen genannt. 1932 erste Bernina-Haushaltnähmaschine, 1938 erste Schweizer Zickzack-Nähmaschine, 1943 erste Freiarm-Zickzack-Nähmaschine der Welt. Von einer Jahresproduktion von 2000 Nähmaschinen bei 65 Mitarbeitern im Jahre 1933 stieg die Produktion auf 150 000 bei 1300 Mitarbeitern. Bisher wurden etwa zwei Millionen Haushalt-Nähmaschinen in Steckborn hergestellt. 80 Prozent davon exportiert.

Brauerei Bilger Söhne, Gottmadingen. Vor 150 Jahren aus dem Gasthaus »Zur Sonne« von Johann Nepomuk Bilger entwickelt. Heute mit der Fürstlich Fürstenbergischen Brauerei in Donaueschingen liiert. Bilger ist die erste Brauerei, die Bier in Alu-Dosen abfüllte. Flaschenbier hat mit 80 Prozent den Hauptanteil am Umsatz.

Zum *Bodenseewerk Perkin-Elmer und Co. GmbH,* Überlingen, gehört seit 1960 die Tochtergesellschaft, *Fluggerätewerk Bodensee GmbH* mit zusammen 1200 Beschäftigten. Zunächst Zweigbetrieb der Askania-Werke AG, Berlin, ab 1947 in Bodenseewerk Apparate- und Maschinenbau GmbH umbenannt, 1954 Beteiligung der amerikanischen Firma Perkin-Elmer Corporation und neuer Name: Bodenseewerk Perkin-Elmer und Co. GmbH.
Das Bodenseewerk erreicht 30 Millionen DM Umsatz, das Fluggerätewerk 60 Millionen DM. Im Bodenseewerk werden für die chemische Industrie hochpräzise Analysengeräte sowie Polarimeter gefertigt. Letztere ermöglichen eine zeitsparende optische Analyse von chemischen Lösungen. Die Fluggerätewerke Bodensee GmbH entwickelt Navigationsgeräte für Raumfahrtprojekte sowie Flugregleranlagen für senkrecht startende und landende Flugzeuge, kreiselstabilisierte Plattformen und Prüfstände.

Gebrüder Bühler AG, Uzwil/SG, Maschinenfabrik, 1860 gründete Adolf Bühler in Henau, dem heutigen Uzwil, eine Gießerei. 1873 entstanden erste Walzenmühlen. 1890 erste Mühle ausgestattet, 1905 erste Großmühle. Es folgten Getreidesilos, Elevatoren für Schiffsladungen, Druckmaschinen, Brauerei-, Seifen-, Farben- und Schokolademaschinen, Maschinen zur Kehrrichtverwertung, Plastik-Spritzgießmaschinen, Ziegeleimaschinen. Heute liefert die

»Mühlenfabrik« Bühler über 1000 Produkte. Aktienkapital 20 Millionen Franken, Umsatz rund 400 Millionen DM. Weltbekannt durch Planung und Installation ganzer Fabriken. Export beträgt fast 90 Prozent. Von 5500 Mitarbeitern sind 1300 ständig im Ausland.

Byk-Gulden Lomberg GmbH, Konstanz, von Dr. Heinrich Byk 1873 in Berlin zur Chemikalienherstellung gegründet. 1931 fotochemische Fabrik Ernst Lomberg angegliedert. Nach Kriegsende Arzneimittelproduktion in Konstanz.
800 Beschäftigte in Konstanz, Gesamtgruppe: 1500. Zur Byk-Gruppe gehören: Chemische Fabrik Promonta, Hamburg, Tosse, Hamburg, und Bika, Stuttgart. Tochterunternehmen in verschiedenen Ländern Europas, Nord-, Mittel- und Südamerika.
Für die zentrale Unternehmensleitung entsteht im Konstanzer Industriegebiet ein 30-Millionen-Gebäude mit Forschungszentrum.
Spezialität: Euphyllin (seit 1907), Herzmittel und für die Behandlung des Schlaganfalls.

Escher Wyss GmbH, Ravensburg, Tochterunternehmen des Sulzerkonzerns, Winterthur/ZH. Neben Wasser- und Dampfturbinen werden Papiermaschinen, Schiffs-Verstellpropeller und Apparate für die chemische Industrie gebaut. Nahezu die Hälfte der Erzeugnisse wird exportiert, der größte Teil nach Übersee.

Faber-Castell, Konstanz, Tochterunternehmen der Faber-Castell, Stein bei Nürnberg. Seit 1928 führt Roland Graf von Faber-Castell das Unternehmen in der siebenten Generation.
Fertigungsbetriebe ferner in Geroldsgrün, Dossenheim, Engelhartszell (Oberösterreich), Fermoy (Irland), Grabs/SG. Zweigniederlassungen in Kopenhagen, Paris und Wien.
Herstellung von Schreib-, Zeichen- und Rechengeräten.

Maschinenfabrik *Fahr AG*, Gottmadingen. 1870 von Johann Georg Fahr gegründet. Aktienkapital 25 Millio-

nen DM, davon 51 Prozent bei Klöckner-Humboldt-Deutz AG, Köln. 4700 Beschäftigte (davon in Gottmadingen und Mühlhausen 2600).
Umsatz: 200 Millionen DM.
Zu Fahr gehören: Zweigwerk Stockach (seit 1891), Werk Mühlhausen, Landmaschinenfabrik Ködel & Böhm GmbH, Lauingen.
Spezialität ist die »Kreiselfamilie« (Kreiselmäher, Kreiselhauer und Kreiselschwader/1970: 400 000 Kreiselhauer).
Fahr ist eine der größten Landmaschinenfabriken und Spitzenreiter bei Futtererntemaschinen des Kontinents.

Feldmühle AG, Rorschach/SG, aus einem seit Jahrhunderten bestehenden Handwerksbetrieb wurde 1895 eine Stickerei-Aktiengesellschaft. 1910 etwa 3000 Beschäftigte. 1920 vollständiger Neubeginn, ab 1924 Kunstseidenherstellung. Seit 1933 wurden Folien und seit 1952 Klebebänder und 1955 Nylongarn in die Produktion aufgenommen.
1969 schloß sich die Feldmühle an die holländische AKZO-Gruppe an. Die derzeitigen Säulen sind die Sparten Textilien und Verpackungen, die Kunstseidenproduktion wurde stillgelegt.

FFA – Flug- und Fahrzeugwerke AG, Altenrhein/SG, 1927 als Niederlassung der Dornier-Metallbau gegründet. Das Werk war am Bau der DO-X beteiligt, fabrizierte dann die Bücker 131 (Schul- und Akrobatikflugzeug) und den Seeaufklärer DO-24 und seit 1952 die P-16, ein Erdkampfflugzeug mit über 1000 km/h und die Kampfflugzeuge Vampire und Venom, seit 1962 die Mirage III S und ab 1967 das Hochleistungs-Segelflugzeug »Diamant«. Neuerdings wieder ein Schul- und Akrobatikflugzeug, die Bravo AS 202.
Die Abteilung Fahrzeugbau stellt Trolleybusse, Trieb- und Personenwagen für die Eisenbahn und Panzer her. 1200 Beschäftigte.

Georg-Fischer-Werke, Schaffhausen/SH und Singen. 1802 kauft Johann Conrad Fischer die »Kräutermühle« im Schaffhauser »Mühlental«. Heute: 6000 Beschäftigte, jeder fünfte Einwohner des Kantons Schaffhausen oder einer seiner Familienangehörigen gehört zu Fischer.
Werk Singen: 3000 Beschäftigte. Dazu gehören ferner Mettmann bei Düsseldorf und Georg Fischer Ltd London.
Man begann 1805 mit Gußstahl, 1809 folgte schweißbarer Gußstahl, dann härtbarer, magnetischer gelber Stahl, die Stahlkupferlegierung.
Der Guß wird vervollkommnet, Stahl in Sandformen, Röhrenverbindungen aus Temperguß, heute als »Fittings« bekannt. Werk Singen stellt Fittings und Kundenguß her, das Werk Schaffhausen/SH Maschinen.

Die *Heberlein*-Gruppe, Wattwil/SG. Der rheinländische Färbergeselle Georg Philipp Heberlein gründete 1835 in Wattwil eine Garnfärberei, das Stammhaus der heutigen Heberlein Holding AG, durch »Helanca« inzwischen weltbekannt. In Wattwil produziert man mit 2300 Beschäftigten auch Maschinen und Elektronik. Zur Heberlein Holding zählen heute 30 Unternehmen mit einem Jahresumsatz von 400 Millionen sfr. Zum Konzern gehören: Textona AG und Hepatex AG in Wattwil, die Arova-Werke in Rorschach/SG und Schaffhausen/SH, die Apag in Goldach/SG, die Coltène in Altstätten/SG, eine Werbeagentur und die Heberlein AG in Konstanz und die Heberlein Computer Service AG in Jona/SG.
Der Export beträgt meist 50 Prozent, in Wattwil sogar 90 Prozent.

W. Holzer und Co. KG, Meersburg, Fabrik für elektrische Schaltgeräte, durch Wahlschalter weltweit bekannt. Das Werk besitzt mehr als 1000 Patente in den wichtigsten Ländern. Die Holzergruppe beschäftigt 3300 Mitarbeiter. 1953 in Meersburg begonnen. 1959 zweites Werk in Frickingen und ein drittes in Kolbingen. 1963 kam Markdorf hinzu und im gleichen Jahr auch das erste Werk in Italien.

Holzer stattet heute monatlich rund 300 000 Waschmaschinen mit Schaltern aus, d. h. jede zweite in Europa produzierte.

Industrial Thinking Services AG, Gottlieben/TG, neu gegründete Firma, die maßgebliche Teile des Computerprogramms für das Wettkampfsystem der Olympischen Spiele in München entwickelt.

Kramer-Werke GmbH, Überlingen und Gutmadingen/Baden ist ein Familienbetrieb mit 1000 Beschäftigten und 70 Millionen Umsatz. Exportanteil 15 Prozent, Schwerpunkte der Produktion sind Schlepper, Allrad-Großzugmaschinen und Schaufellader.

Maggi GmbH, Singen. Julius Maggi aus Kemptthal/ZH begann 1887 mit sieben Mitarbeitern mit der Herstellung von »Maggi's Würze« in Singen. Schon 10 Jahre später war das Werk in Singen vom Schweizer Stammhaus unabhängig. 1947 fusionierte Maggi mit Nestle. 1964 wurde das Werk Lüdinghausen/Westfalen eröffnet. Lüdinghausen fertigt Trockenkonserven, Singen Naßkonserven. 1970 neue Produktionsanlage. Heute 2000 Beschäftigte in Singen, insgesamt 5000 bei einem Stammkapital von 65 Millionen DM.

Max-Planck-Institut, Lindau, befaßt sich mit Aeronomie, das heißt mit dem Zustand der Hochatmasphäre in über 30 km Höhe. Dabei geht es um den Einfluß der Sonnenbestrahlung, um elektrische und magnetische Felder, um die Erforschung magnetischer Ströme usw.

Metzeler AG, Lindau, ist eine der mehr als 30 Produktionsstätten der METZELER-Firmengruppe im In- und Ausland. Dieses Werk stellt mit etwa 1600 Mitarbeitern technische Gummiwaren her, die im Automobilbau, für Haushaltgeräte- und Herdindustrie sowie für den Hochbau als Abdicht- und Isoliermaterial gebraucht werden. Das Lindauer Werk hat z. B. die Kautschuk-Metall-Puffer und Gummiprofile für das Olympia-Lichtdach in München geliefert.

MTU Motoren und Turbinen-Union GmbH, Friedrichshafen. 1909 gründet Karl Maybach seine Motorenbau-Gesellschaft, die heutige MTU in Friedrichshafen, die einschließlich München-Allach 11 000 Mitarbeiter beschäftigt. Mit Daimler-Benz AG und MAN ist in der MTU die internationale Erfahrung bedeutender Dieselmotoren- und Gasturbinen-Hersteller zusammengefaßt. Stammkapital: Friedrichshafen = 20 Millionen DM, München = 63 Millionen DM. MTU Friedrichshafen stellt schnellaufende Hochleistungsdieselmotoren jeder Größe her, MTU München Gasturbinen und Luftfahrttriebwerke. MTU hat ein Programm, das optimale Antriebssysteme höchster Leistungskonzentration für universellen Einsatz bietet. Umsatz: Friedrichshafen 350 Millionen DM, München 250 Millionen DM.

Zum *Milchwerk Radolfzell* gehören 112 Milchgenossenschaften mit 61 000 Kühen. Es verarbeitet rund 150 Millionen Liter Milch jährlich und stellte bereits 1960 5000 Tonnen Butter her. 1971 wurden in einem An- und Neubau weitere 18 Millionen DM investiert. Mit seinen technischen Einrichtungen, seiner Fernsteuerung und Automation zählt es zu den modernsten der Bundesrepublik.

MOWAG, Kreuzlingen/TG, stellt mit einer Belegschaft von 400 Personen Spezialfahrzeuge her. Die MOWAG baute als erste Motorwagenfabrik der Schweiz Unterflurmotoren in Nutzfahrzeuge und Tieflader ein. Die Fahrzeuge für die PTT sind für ihre spezifischen Aufgaben zugeschnitten. Für Zivilschutz und Feuerwehr liefert die MOWAG motorenstarke, geländegängige Fahrzeuge mit moderner Ausrüstung. MOWAG ist auch das einzige schweizerische Unternehmen, das gepanzerte Gefechtsfeldfahrzeuge von Grund auf selbst entwickelte.

Porsche-Diesel-Motorenbau GmbH, Friedrichshafen, eine Tochtergesellschaft der Mannesmann-AG, zeigt, wie ein Werk in dieser Landschaft aussehen kann. 2000 Mitarbeiter bauen Schlepper und »Landbaumaschinen«.

Rieterwerk, Konstanz, als Gießerei gegründet, aus Schweizer Besitz 1939 von Dipl.-Ing. Walter Händle erworben. Das Werk stellt heute ausschließlich Maschinen für die Grobkeramik her. Dazu gehören Anlagen für den Abbau und die Aufbereitung des Tonmaterials, der Bunkerung und Verformung einschließlich der Transportanlagen 45 Tonnen schwerer Kollergänge; Mauktürme mit 32 Tonnen Gewicht sowie vollautomatische Pressen zur Herstellung von Ziegeln, Klinkern, Steinzeugröhren und Großisolatoren werden nach Japan, Australien, Neuseeland, Afrika, Amerika, Kanada, in den Vorderen Orient, nach Indien, Pakistan und in alle europäischen Länder geliefert.

Rostan, Friedrichshafen. 1935 noch Bauhof, 1938 erste Nagelbinder, 1942 erste Betonfertigteile, 1945 vollständig zerstört. 1946 einzige private Schuttaufbereitungsanlage, 300 000 cbm Trümmerschutt der Stadt Friedrichshafen verwertet. Ab 1949 Fertigteile bis zu ganzen Wohneinheiten und Großbauten.
1000 Beschäftigte in 12 Betrieben arbeiten auf 60 Baustellen gleichzeitig, bis zu 300 km entfernt. Werke in Friedrichshafen, Kreßbronn, Baienfurt, Reutlingen, Mössingen, Konstanz und Stuttgart (Büro). Rostan wurde in den letzten zehn Jahren ein Begriff für Bauen mit Fertigelementen.

Sarco GmbH, Regel-Apparatebau, Konstanz, 1954 als deutsche Tochter der Sarco-International Corp., New York, zusammen mit der Schweizer Sarco-AG für Wärmemessung in Zürich/ZH gegründet. Sarco/USA ist einer der bedeutendsten Hersteller von Dampf- und Heizungsarmaturen bzw. -reglern der Welt.
Mit knapp 100 Mitarbeitern und modernsten Automaten gehört die Sarco/Konstanz heute zu den führenden Firmen der Branche. Einen wesentlichen Anteil des Erfolgs hat die technische Beratung. Neu im Programm sind Regelgeräte für Dampfwirtschaft und automatische Regler von Warmwasserheizungen.

Saurer AG, Arbon/TG. 1853 als Eisengießerei in St. Georgen/SG von Franz Saurer gegründet. 1863 nach Arbon/TG verlegt. 1920 wurde aus der Einzelfirma Adolph Saurer die Saurer AG, 1951 das Kapital auf 20 Millionen sFr erhöht. Rund 4000 Beschäftigte. Hergestellt werden: Diesellastwagen bis zu 11 Tonnen Nutzlast, Omnibusse bis zu 100 Personen Fassungsvermögen, Kipper, Trolleybusse und Dieselmotoren von 255 bis 700 PS; ferner Gießereiprodukte, Webstühle, Stickereimaschinen. Betriebskrankenkasse seit 1870. Tochter- und Lizenzunternehmen in England, Frankreich, Italien und Österreich.

Schiesser AG, Radolfzell. Jacques Schiesser aus Linthal/GL begann um 1874 mit neun Rundstühlen im Gasthaus »Zum Schwert« in Radolfzell eine Wäschefabrik. Wenige Jahre später wurden Stockach und Engen eingerichtet. 1891 schon 750 Mitarbeiter. Seit 1898 Original-Schiesser-Knöpftrikot. 1913 wurde die Firma eine Familienaktiengesellschaft.
Seit 1936 das Markenzeichen »Armbrust«, nach dem Wappen der Familie Schiesser. Seit 1942 »Tausendsassa«, aber Schwesterfirma »Tausendsassa GmbH«, Spezialfabrik für Kinderwäsche erst 1950 gegründet. Weitere Werke in Mimmenhausen, Neufrach, Rielasingen, Neustadt, Engen, Tengen, Waldshut, Mühlhofen, Steißlingen und Dettingen. 1970 erreichte Schiesser einen Umsatz von 180 Millionen DM.

SIG, Schweizerische Industrie-Gesellschaft, Neuhausen/SH am Rheinfall, 1853 als Waggonfabrik gegründet, baute ab 1906 auch Verpackungsmaschinen, 1914 Spezialwerkzeugmaschinen, 1919 ein Holzwerk in Rafz/ZH. Ab 1933 werden Industriefahrzeuge produziert, 1964–1969 Ausbau der Verpackungsmaschinenfabrik in Beringen/SH. 16 Millionen Franken Aktienkapital, 3000 Beschäftigte, Sozialkasse mit 100 Millionen Frankenfonds.
Verpackungsmaschinen werden zu 90 Prozent exportiert, alle übrige Produkte zu 40 Prozent.
Spezialitäten: Ganze TEE- und Luxusreise-Züge mit Personenwagen, Schlaf- und Speisewagen, Salonwagen ein-

schließlich Diesellok, ferner Kurvenfräsmaschinen und Tieflochbohrer, endlich Einwickel- und Kartoniermaschinen vom Flachbeutel bis zur Vakuumverpackung.

Wollgarn-Spinnerei Schoeller GmbH, Bregenz/V wurde 1897 gegründet und beschäftigt heute 450 Mitarbeiter. Die Jahresproduktion beträgt 2 Millionen kg Kammgarne. Neben reiner Wolle werden auch Synthetics und Mischungen sowohl für Strick- wie auch für Wirkwarenerzeugung hergestellt.

Standard Zahnfabrik AG, Konstanz, 1924 auf Initiative des größten amerikanischen Dentalkonzerns, THE DENTISTS' Supply Companie of New York, gegründet. Das Unternehmen stellte bis 1959 ausschließlich Zähne aus porzellanartigen Massen und seitdem auch auf Methylmethacrylat-Basis her.
Allmonatlich werden mehrere hunderttausend zu Garnituren zusammengesteckte künstliche Zähne an dentalmedizinische Großhandlungen geliefert.

L. Strohmeyer und Co. GmbH, Konstanz-Stromeyerdorf und Kreuzlingen/TG, 1872 vom Geheimen Kommerzienrat Ludwig Stromeyer gegründet, einem Revolutionär der industriellen Fertigung von Textilerzeugnissen. Heute ist ein ganzer Stadtteil, Stromeyerdorf, nach ihm benannt. In Konstanz, Weiler, Markdorf, Hüfingen und Mannheim werden 1700 Mitarbeiter beschäftigt. Das Fertigungsprogramm reicht von Campingzelten, Gartenschirmen, Schaukeln, Campingmöbeln, Rucksäcken über Mäntel, Ski- und Freizeitkleidung bis zu Schwergeweben für moderne Großzeltkonstruktionen (auch luftgetragene Hallen) sowie Zirkuszelten.

Gebrüder Sulzer AG, Winterthur/ZH, zweitgrößte schweizerische Maschinenfabrik. 1834 gegründet, erzielt heute mit ihren Zweigbetrieben in Oberwinterthur/ZH, Bülach/ZH und Solothurn/SO und 22 000 Beschäftigten rund 1,2 Millionen sFr Umsatz.
Seit 1961 zwischen Sulzer AG und Lokomotiv- und Ma-

schinenfabrik Winterthur (2350 Mitarbeiter) Zusammenarbeit. Sulzer produziert jährlich 18 000 Tonnen Grauguß und 6000 Tonnen Stahlguß.
Um 1900 erster, direkt umsteuerbarer Zweitakt-Schiffsdieselmotor der Welt. 1200 Hochseeschiffe fahren heute mit Sulzer-Antriebsmotoren mit Dauerleistungen von 2300 PS pro Zylinder.

Villiger Söhne GmbH, Tiengen. In Pfeffikon/LU produzierte Jean Villiger 1880 in seiner Wohnstube die ersten Zigarrenstumpen. Als er 40jährig starb, übernahm Frau Louise das Unternehmen für ausgesprochen »männliche Genußmittel«. Als 1910 eine Wehrsteuer die importierten Tabakwaren in Deutschland stark belastete, richtete Frau Villiger in Tiengen eine Filialfabrik ein. 1927 kamen Fabrikationsräume einer ehemaligen Schuhfabrik in München hinzu. Weitere Filialbetriebe entstanden in Blumberg, Lenggries, Stuttgart-Bad Cannstatt und in Schönaich. In der Schweiz ist Villiger das größte Unternehmen seiner Branche, in Deutschland wächst ihr Marktanteil ständig.

Vorarlberger Illwerke, Bregenz/V, 1925 gegründet, liefern 10 Prozent der gesamtösterreichischen Stromerzeugung. Von den 1,5 Milliarden kWh Strom jährlich wird Spitzenstrom bis ins Rhein-Ruhr-Gebiet geliefert. Ein Viertel der österreichischen Stromausfuhr liefern die Illwerke. Sie besitzen unter anderem die stärkste Stromerzeugungseinheit Europas mit 265 000 Kilowatt. Die Elektrizität wird aus den Wasserkraftwerken Vorarlberg gewonnen.

Zahnradfabrik Friedrichshafen AG wurde 1915 gegründet und zählt heute rund 7500 Beschäftigte. Großaktionär ist die Zeppelinstiftung, Friedrichshafen. Produziert werden Präzisionszahnräder, Getriebe und Lenkungen aller Art.

Salem — die erste Sparkasse Deutschlands

Es war früher nicht anders als heute: der Wert des Geldes hängt von dem ab, der dafür bürgt. Daraus ergeben sich beliebte und unbeliebte Währungen und früher beliebte und unbeliebte Münzen. Sie waren Ausdruck der wirtschaftlichen Macht, die dahinterstand. Der Bodenseeraum gilt für den Münzsammler als geschlossenes Gebiet, unabhängig von Ländergrenzen, das der Einheit und der Bedeutung dieses Wirtschaftsraumes entspricht.

Die ersten Goldstücke waren keltische und später römische Münzen. Für den Sammler bleibt die Goldmünze Constantius' II. (337–361) aus Münchhof ein unerreichbares Glanzstück.

Römisches Geld galt am Bodensee bis zur Merowingerzeit. Erst vom 8. Jahrhundert an wurden in Bodman vom Münzpächter Saftulf-Svabtulf kleine Goldmünzen geschlagen. Sie tragen das Wort BODANO aufgeprägt. Unter Karl dem Großen gab es reichseigene silberne Denare. Dann hat Bischof Salomon III. von Konstanz als Reichsverweser und Kanzler das Recht erlangt, eigene Münzen mit seinem Namen prägen zu lassen. Die Konstanzer Münzen waren bald Zahlungsmittel, die bis nach Dänemark, England, Polen und Rußland verbreitet waren.

Die älteste, mit der Aufschrift »Constantia Christiana Religio«, wurde in England gefunden.

Buchhorn, Feldkirch/V, St. Gallen/SG, Langenargen, Lindau, Markdorf, Radolfzell, Ravensburg, Schaffhausen/SH, Stein am Rhein/SH und Überlingen prägten im 12. Jahrhundert eigene Münzen, die aber nie die Bedeutung der Konstanzer erlangt haben.

Bischof Heinrich von Tanne erließ das erste Münzrecht für den gesamten Bodensee. Was seither nie mehr erreicht wurde, war damals Wirklichkeit: es gab eine »internationale Bodenseewährung«. Der sogenannte »Konstanzer Münzkreis« war das größte einheitliche Münzgebiet Deutschlands. Den Anfang machte ein Münzbund zwischen Schaffhausen und Konstanz, er dehnte sich aus auf die Gebiete bis zum Vorderrhein, dem Vierwaldstättersee und westlich bis Zofingen/AG. Diesem südlichen Bereich schlossen sich bald die schwäbischen Städte am See an. Der Münzkreis umfaßte schließlich ein Gebiet von Ulm bis St. Gallen/Feldkirch/V und von Schaffhausen/SH bis Kaufbeuren.

Man war nicht kleinlich mit den Maßnahmen, diese Währung stabil zu halten: Reisenden, die ihr mitgebrachtes Geld nicht in die Bodenseesilberlinge umtauschen ließen und erwischt wurden, hackte man die rechte Hand ab.

Die italienischen Geldwechsler, »Caverzen« (sie haben nichts mit dem Geschlecht der »Cavazzen« zu tun, nach denen das Haus des heutigen Museums am Marktplatz in Lindau benannt ist), scheint das aber nicht gestört zu haben. Sie nahmen zudem bis zu 40 Prozent Jahreszinsen.

Jensen widmet in seinem Roman »Schach dem Abt« ein Kapitel den Geldgeschäften des Klosters Salem. Schließlich war Reichsabt Anselm II. sogar Finanzier von Maria Theresia, denn er konnte ihr 15 000 Gulden leihen.

Unter ihm (1713–1778) war das freie Reichsstift Salem angesehen und wohlhabend geworden, das stolzeste und wichtigste Kloster dieser Zeit, das dem in Meersburg residierenden Bischof von Konstanz Widerpart bieten konnte. Über 60 Dörfer waren damals der Abtei zinspflichtig. Reichsabt Anselm II. hat mit einem eigenen System die Versorgung von Hinterbliebenen und Waisen sichergestellt, die nach dem Tod des Ernährers oft durch ihre Vormünder oder Waisenpfleger, durch Brand, Raub und Diebstähle um das Vermögen gebracht wurden, das ihre Eltern für sie gesammelt hatten.

Anselm gründete die erste »Spar- und Waisenkasse« Deutschlands. Den Grundstock stellte das Kloster, Sparer waren die Beamten und Bewohner des großen Klosterstaates. Dieses 1749 in Salem gegründete Institut, das dem Oberbursar des Kloster unterstand, ist zugleich die älteste Bank des Bodensees. Inzwischen sind die Sparkassen und Banken zahlreich geworden. Seit den fünfziger Jahren unseres Jahrhunderts – damals wurden besonders viele Filialen errichtet – gibt es rund 300 weitere Geldinstitute rings um den See.

Da sich die Industriefirmen diesseits und jenseits der Staatsgrenzen niedergelassen haben, sind finanzielle Verflechtungen über Grenzen hinaus unvermeidlich. Außerdem wird in Grenznähe etwa zehnmal soviel Geld umgetauscht wie im »Inland«.

Sparkonten werden ebenfalls im »Ausland« angelegt. Besonders beliebt sind Schweizer Nummernkonten.

Einige besondere Eigenschaften unterscheiden Grenzbanken von Inlandsbanken. Sparkonten werden etwas höher verzinst, aber für laufende Konten erhalten Ausländer in allen drei Ländern keinen Zins, eine größere Anzahl von Safes muß bereitgehalten werden, Geschäfte mit ausländischen Aktien werden kurzfristig eingelöst und währungspolitische Schwankungen werden von den Kunden nervöser wahrgenommen als im »Inland«.

Firmen, die in der Schweiz ihren Sitz und in Deutschland Tochtergesellschaften haben und umgekehrt wickeln oft recht erhebliche Geschäfte über die Grenze ab, z. B. Aluminiumwerke, Georg Fischer, Strohmeyer, Sulzer. Man könnte sich denken, daß auch die Banken hüben und drüben ihre Filialen eröffnen, am Bodensee begnügt man sich im allgemeinen mit einer Zusammenarbeit.

Obwohl die Höhe der Auslandseinlagen nicht bekannt ist, nimmt man an, daß sie vor allem in der Schweiz eine beträchtliche Summe darstellen.

Besonders interessant ist vor kurzem die Bank von Liechtenstein für Leute geworden, die gern ihr Geld vor der deutschen Steuer bewahren wollen. Die Schweiz hat mit der Bundesrepublik ein Doppelbesteuerungsabkommen geschlossen, das es der deutschen Steuer ermöglicht, auch in der Schweiz Gelder von Bundesbürgern zu erfassen. Liechtenstein hat es abgelehnt, diesem Vertrag beizutreten. Die Bank von Liechtenstein, die vor kurzem ihr 50jähriges Bestehen feiern konnte, gilt daher nach wie vor als Steueroase und Vaduz selbst bleibt Sitz der zahlreichen »Briefkastengesellschaften«. Die 10 000 Namensgesellschaften in der Schweiz aber werden nun für ihre deutschen Muttergesellschaften steuerpflichtig. Auch deutsche Grundstücksbesitzer am Schweizer Ufer sind davon betroffen.

Oben: Konstanzer Denar des Bischofs Salomo III. (891 bis 920). Unten: Vorder- und Rückseite der merowingischen Goldmünze aus Bodman des Münzmeisters »Svabtulfus« in »Bodano« (etwa 10 mm Durchmesser).

Textilmesse • IBO • OLMA • RATIO

Drei Messestädte am Bodensee besitzen eigene Hallen und eigenes Gelände, auf dem alljährlich zu festen Terminen Messen und Ausstellungen stattfinden: Friedrichshafen, St. Gallen/SG und Dornbirn/V. Jede dieser Städte bietet mehrere große Veranstaltungen im Jahr: Friedrichshafen die IBO, die INTERBOOT und neuerdings die RATIO, St. Gallen/SG die Internationale Fachmesse OLMA und neu die IGT und Dornbirn/V zwei Textilmessen und seit kurzer Zeit die SCHULE 72.

Die Internationale Bodensee-Messe (IBO) wird jeweils im späten Frühjahr in Friedrichshafen veranstaltet. Als Mustermesse gedacht, hat sie inzwischen ihren ursprünglichen Rahmen in jeder Beziehung gesprengt. So spielt der Direktverkauf über die Grenzen hinweg im Rahmen der Messekontingente eine nicht unbedeutende Rolle. Weit über 1000 Aussteller aus 25 Ländern Europas, Amerikas, Afrikas und Asiens geben sich ein Stelldichein. Das Gezeigte reicht von Industrieerzeugnissen bis zu Nahrungs- und Genußmitteln. Diese Veranstaltung im Freigelände, der Arena und den Pavillons hilft, die gegenseitigen Geschäftsbeziehungen der Anliegerstaaten zu vertiefen.

Die INTERBOOT, eine internationale Bootsausstellung, konnte 1971 ihr 10jähriges Bestehen feiern. Rund 500 Firmen aus 18 Ländern zeigten 1100 Boote aller Größenordnungen und Preisklassen (von 300 DM bis 320 000 DM). Den äußeren Rahmen bilden Segelregatten. Durchschnittlich werden rund 75 000 Besucher angelockt.

Neu in Friedrichshafen ist die RATIO, neu ist auch das System. Erst in zweiter Linie werden Waren angeboten, vorrangig geht es um Ratonalisierungsmethoden für kleinere und mittlere Betriebe. Seminare und Kongresse erläutern die Systeme und vermitteln einen Überblick über Lösungsmöglichkeiten vieler Probleme.

Die OLMA, die St. Gallener Fachmesse für Land- und Milchwirtschaft, stellt alljährlich einen Schweizer Kanton besonders heraus, wobei das Fürstentum Liechtenstein wie ein OLMA-Kanton zählt. Die OLMA gilt als das herbstliche Ereignis von St. Gallen/SG; denn sie bietet neben Messeattraktionen, wie der »Gläsernen Kuh«, Schaubrüten von Küken mit Life-Übertragung auf Monitoren ein umfangreiches Rahmenprogramm. Fahnenschwingerfest, Demonstrations-Seilziehen, Jugendtreffen und landwirtschaftliche Kongresse gehören dazu.

Seit 1965 findet hier außerdem jeweils im Mai eine internationale Fachmesse für Güterfluß in der Textilwirtschaft, die IGT, statt. Sie bietet für die heimische, Vorarlberger und internationale Textilindustrie mehr, als der komplizierte Name vermuten läßt. Es geht um die rationelle Abwicklung aller anfallenden Probleme in der Textilwirtschaft.

Die OLMA-Gebäude-Verwaltung muß bemüht sein, ihr Ausstellungsgelände gut zu nutzen, und so plant man neue Ausstellungen und Fachmessen.

Die Messen der Gartenstadt, wie sich Dornbirn/V gerne nennt, stehen ganz im Dienst der Textilindustrie. Im Mai und November findet die Österreichische Textilmesse statt. In Dornbirn/V, Lustenau/V, Hohenems/V, Götzis/V und im entfernteren Bludenz/V ist ein Drittel der österreichischen Textilindustrie zu Hause. Hier stehen alle Stick- und Klöppelmaschinen Österreichs und zwei Drittel aller Wirk- und Strickmaschinen, Großbetriebe wie Rhomberg, Hämmerle und Getzner-Mutter sind seit 100 Jahren hier heimisch.

Das wirklich internationale Ereignis bleibt aber die hochsommerliche Export- und Mustermesse in Dornbirn/V, sowohl von den Ausstellern her wie auch von den Besuchern. Fachtagungen und Modenschauen bilden den Rahmen. Hier trifft sich die textile Welt. Mit einer runden Viertelmillion Besucher ist sie bei weitem die größte Messe am Bodensee. 800 Aussteller aus 20 Nationen machen gute Geschäfte.

Jetzt hofft man in Dornbirn/V, daß sich eine neue Ausstellung, die SCHULE, zur »Alpenländischen Schulmesse«

entwickeln wird. Von Schuleinrichtungen bis zu Sprachlabors und audiovisuellen Hilfsmitteln wird alles gezeigt. So versucht jede Messestadt, Messegelände, Hallen und Konferenzräume das ganze Jahr über zu nutzen.
Neben den festen Plätzen hält man natürlich auch in einer Stadt wie Konstanz Fachschauen ab. Platzmangel hat schon einmal dazu geführt, daß eine »Bauen und Wohnen«-Schau auf einem Gelände durchgeführt wurde, das die Veranstaltung von vornherein »international« werden ließ. Mitten durch die Schau zog sich die Schweizer Grenze. Drei Viertel des Geländes waren Schweizer Territorium, und nur ein Viertel lag in Konstanz.
Regionale Ausstellungen sind im Bodenseegebiet rasch durchführbar. Stromeyer und seine Ausstellungszelte sind in Konstanz jederzeit schnell erreichbar.
Zu den größten Spitzen- und Klöppelzentren gehört ohne Zweifel St. Gallen/SG. Die St. Galler Spitzen sind ebenso ein weltbekannter fester Begriff, wie St. Galler Textilien schon am Ende des Mittelalters bis nach Spanien (siehe: »Was wir sond«, Band 1) ein Begriff waren. Außer internen Ausstellungen besitzt diese Industrie keine eigene Fachmesse. Die St. Galler stellen nicht nur Spitzen her, sondern in ihrer Branche Spitzenprodukte, deshalb ist es für sie wichtiger, ihre Leistungen auf andere Art zu zeigen. Ihre Erzeugnisse sind in den Kollektionen der Haute Couture von Paris und Rom vertreten. Sie werden von Balmain, Cardin, Carven, Courrèges, St. Laurent sowie andererseits von Barocco, Laug, Riva und Sarli verwendet. Die St. Galler Stickereihersteller haben ihre Arbeit auf die Haute Couture eingestellt.
Die Vorarlberger, mehr auf eine breite Masse bedacht, errichteten in Lustenau/V ein Zentrum der Stickerei-Industrie, das die Repräsentanten dieses für Vorarlberg wichtigen Industriezweigs beherbergt. Von hier wird die Beteiligung an Messen und Ausstellungen bis nach den USA und Japan geplant.

■ *Messen und Ausstellungen*

IBO – Internationale Bodenseemesse in Friedrichshafen
Ende April / Anfang Mai

Österreichische Textilmesse in Dornbirn/V
Mitte Mai und Anfang November

IGT – Internationale Ausstellung für Güterfluß in der Textilindustrie in St. Gallen/SG
Ende Mai

Export- und Mustermesse in Dornbirn/V
Ende Juli / Anfang August

INTERBOOT – Internationale Bootsausstellung in Friedrichshafen
Ende September / Anfang Oktober

OLMA – Schweizer Messe für Land- und Milchwirtschaft in St. Gallen/SG
Mitte Oktober

RATIO – eine Kombination von Kongreß, Seminar und Ausstellung, eine Messe mit Schulung zur Rationalisierung kleinerer und mittlerer Betriebe in den Hallen der Internationalen Bodenseemesse in Friedrichshafen
Anfang November

SCHULE 72 – »Alpenländische Schulmesse«. Für alle Schuleinrichtungen und Geräte in Dornbirn/V
(siehe: »Schulen im Bodenseeraum«, Band 1)
November

Der Arbeitsplatz im Urlaubsgebiet

»Ein Arbeitsplatz im Urlaubsgebiet erwartet Sie«, das springt als Schlagzeile einer Anzeige ins Auge, die die Arbeitsämter Kempten, Konstanz und Ravensburg gemeinsam erscheinen lassen.

Firmen werben in ähnlichem Stil: »Einen Dauerurlaub am Bodensee können wir Ihnen nicht bieten, aber wenn Sie in Ihrer Freizeit die Schönheiten einer gesuchten Urlaubsgegend genießen wollen . . .« Diese Anzeigen bringen meist einige Hunderte von Bewerbern, und das bei Arbeitskräftemangel.

Zwar lassen sich für offene Stellen in süddeutschen Städten sowieso leichter Bewerber finden, aber der Bodensee hat darüber hinaus das gewisse Etwas, das ihn zum beliebtesten Arbeitsplatz Deutschlands macht: Landschaft, Klima, Internationalität, Freizeitmöglichkeiten im Sommer und im Winter, kurz eine mit dem Begriff Bodensee verbundene Vorstellung, die genügend Anziehungskraft besitzt, um selbst die Klippe der Bezahlung nach einer niedrigeren Ortsklasse zu überspringen. Es heißt sogar, ein Ortsname wie Lindau, Friedrichshafen oder Konstanz sei im Stellenangebot nicht so eindrucksvoll wie »Schrägstrich Bodensee«.

Das alles, obwohl am Bodensee Wohnungen genauso schwer zu finden sind, begüterte Pensionäre die Preise noch in die Höhe treiben, die Ortsklassen niedrig sind und die Lebenshaltungskosten nicht billiger als woanders.

Ledige haben es leichter als Verheiratete. Die Hauptsorge bleiben die Wohnungen, und wenn es nicht gelingt, Abhilfe zu schaffen, muß man »Bodenseeflüchtlinge« befürchten.

Der größte Bedarf besteht begreiflicherweise im Gastgewerbe und unbegreiflicherweise bei den Sekretärinnen. Bei ihnen dürfte sich der Gehaltsunterschied am empfindlichsten bemerkbar machen. Sie ziehen den nach dem Bodensee attraktivsten Arbeitsplatz, München, vor.

Beliebt ist der See auch bei allen »Ferienarbeit-Suchenden«, und das nicht nur bei den Studenten aus dem deutschen Sprachgebiet. Manche verbringen nur ihre »Wanderjahre« am See, um sich später in einem höher bezahlenden Ballungsraum niederzulassen und den Bodensee künftig nur wieder als Ferienlandschaft zu betrachten. Erstaunlicherweise spielen die Pendler von Land zu Land nur eine geringe Rolle. Man rechnet, daß etwa 2000 Personen täglich in die Schweiz zur Arbeit fahren und etwa 200 nach Deutschland kommen.

Von den drei Uferstaaten gelingt es der Schweiz (als Schweiz, nicht als Bodenseegebiet) am leichtesten und Österreich am schwersten, Arbeitskräfte anzuwerben.

Die Schweizer sind überzeugt, daß der Bodensee weder für Schweizer noch für Ausländer besonders attraktiv sei. Der Ausländer kommt demnach in die Schweiz und nicht an den Bodensee, und der Schweizer findet die 70 Kilometer entfernt liegende Stadt Zürich am Zürcher See anziehender.

Man sagt, den Bodensee bevorzugen nur Lehrer, die gleichzeitig Naturschwärmer sind, oder die, die dort beheimatete Schulen ihres Rufes wegen besuchen, sonst gibt es Anziehenderes in der Schweiz; denn das schöne Unterseeufer bietet wenig Arbeitsplätze und das industrialisierte Oberseeufer keine landschaftlichen Reize, mit denen sich nicht auch die Orte um den Zürcher See messen könnten.

Vorarlberg besitzt nur einen kleinen Anteil am See. Man kommt nach Dornbirn/V und Bregenz/V der Ausbildung wegen. Hier sind Österreichs bekannteste Textilschulen; danach wandert man in die besser bezahlende Schweiz oder in das »höchstindustrialisierte Land Europas«, nach Deutschland, ab, und dort kann man, wenn man will, sogar am See bleiben.

Der Bodensee wird vom deutschen Arbeitnehmer auch oft als Tor zur Schweiz betrachtet. Das ist vorübergehend für Berufe, die gebraucht werden, durchaus möglich. Der einzige Weg ist die »Vermittlungsstelle für die Schweiz« des Arbeitsamtes Konstanz. In erster Linie melden sich die,

die ihre Französisch- und Italienischkenntnisse erweitern wollen, indem sie halbtags arbeiten und die andere Hälfte des Tages lernen. Andere wollen ihre Berufskenntnisse vervollständigen.
Ausländer erhalten den gleichen Lohn wie Schweizer, 10 Prozent werden als Lohnsteuer einbehalten, 2,4 Prozent für Altersfürsorge (2,4 Prozent gibt der Arbeitgeber dazu). Dieser Beitrag wird auf Grund eines Abkommens auf die deutsche Renten- oder Angestelltenversicherung angerechnet.
Gegen Krankheit muß sich jeder selbst versichern lassen. Monatlich sind dafür 10 bis 20 sfr zu rechnen. In jedem Fall ist ein Reisepaß erforderlich (Personalausweis genügt nicht). Manche Kantone verlangen darüber hinaus auch ein Führungs- und ein amtsärztliches Zeugnis). Chancen für eine Schweizer Arbeitsbewilligung haben im allgemeinen nur 20- bis 40jährige. Der durch das Arbeitsamt vermittelte Arbeitsplatz (eine andere z. B. private Möglichkeit gibt es nicht) kann nur wieder mit Einverständnis des Arbeitsamtes gewechselt werden. Die Arbeitsbewilligung wird nur befristet erteilt. In letzter Zeit hat man zusammen mit der stärkeren Entwicklung der dem Bodensee adäquaten Industrie auch mehr an die dort Arbeitenden gedacht, und viele Bestrebungen, den Bodensee als Erholungsgebiet ungeschmälert zu erhalten, werden neuerdings von der ansässigen Industrie wirksam unterstützt. Man möchte nicht immer wieder neue Bodensee-Interessenten als Arbeitnehmer, die nach ein paar Jahren wieder gehen – man sucht Dauerbewohner. Nicht zuletzt ihnen sollen all die Bemühungen um Bodenseeschutz, Verbesserung der Lebensbedingungen und günstigere Verkehrsverbindungen dienen. Diese Bemühungen haben inzwischen erste Früchte gezeitigt. Großfirmen, die Wohnraum mitanbieten können, haben es dabei von vornherein einfacher als andere. Es müssen aber sicher alle Stellen zusammenarbeiten, um das Ziel zu erreichen.

Der Winter am See

Die Berge liegen vor der Haustüre, und im Winter bietet sich überall Gelegenheit zum Skifahren; Hang- und Gebirgslage kann man sich nach Können und Laune heraussuchen. Vom Allgäu und Bregenzerwald bis zum Säntis/SG oder den Churfirsten erreicht man alles leicht und bequem, kaum einem beliebten Berg fehlen Seilbahn oder Sessellift, Wintersportpauschalen verbinden Sport und Pension zu festen Preisen. Unter den unzähligen Skiliften gibt es auch schon solche mit Pistenbeleuchtung für nächtliche Fahrten. Man unternimmt allerlei, um es den Skifahrern bequem zu machen. Vorarlberg besitzt rund 600 Skilehrer und über 40 Skischulen.
Für hochalpine Skitouren stehen 46 Vollbergführer und 57 Skiführer zur Verfügung, das sind geprüfte Männer, die in Berge jeder Art führen, der Vollbergführer sommers und winters, der Skiführer nur im Winter. Verleihe stellen Skibobs gratis zur Verfügung. Die Schweiz hat Skiwanderwege und Parcours von bis zu 20 Kilometer Länge einheitlich gelb markiert.
Bekannte Skipioniere kommen aus dem Bodenseeraum: Oberst Georg Bilgeri aus Bregenz/V, der nicht nur eine neue Lauftechnik, sondern auch viele technische Neuerungen im Skisport brachte, und Hannes Schneider, der Erfinder des »Arlbergstils«.

Schlittschuhlaufen und Eisspiele

Skifahren bleibt nicht das einzige Wintervergnügen am Bodensee. Es bedarf nicht einer Seegfrörne, die man nur alle 100 Jahre erwarten darf, um Schlittschuhlaufen zu können. Überlinger See und Untersee frieren viel öfter zu. Man läuft vor allem am Gnadensee zwischen Reichenau und Hegne, am »See-Ende« des Überlinger Sees und am »Kleinen See« von Lindau an. Viele Ufergemeinden haben darüber hinaus feste Eislaufplätze wie Bregenz/V. Kunst-

eisbahnen besitzen die Orte Dornbirn/V, Feldkirch/V, St. Gallen/SG, Ravensburg, Schaffhausen/SH, Uzwil/SG, Weinfelden/TG und Wil/TG.
Am Schweizer Ufer liebt man das »Bettflaschenspiel«, es entspricht dem schottischen Curling und wird praktisch auf jedem zugefrorenen Dorfweiher »gelegt«. Der 1,9 Kilo schwere »Stein« (in Bettflaschenform) muß in drehender Bewegung das »Haus« erreichen. Die Spieler bilden Gruppen zu vier Mann, und die Gruppe, die beim Zielen auf das Haus die meisten Punkte erringt, hat gewonnen.

Seegfrörne

1963 erlebte man am Bodensee die letzte »Seegfrörne«, das heißt, einen so strengen Winter, der auch den Obersee so weit zugefrieren ließ, daß er Menschen und Wagen tragen konnte. Ähnliche »Eiszeiten« gab es zuvor in den Jahren 1830, 1796, 1695, 1573, 1560 und 1435, also fast immer ein säkulares Ereignis. Tausende von Menschen wandern, radfahren, reiten, fahren dann mit dem Auto über das Eis. Schlittschuhläufer aus Wasserburg besuchen Bregenz/V. Der Bürgermeister von Nonnenhorn stellt den Schweizern, die ihn aufsuchen, »Eiswanderbescheinigungen« aus, 1963 im ganzen 11 000 Stück. Die Fastnachtsnarren gehen aufs Eis. Delegationen der Kantonspolizei treffen sich mit der deutschen Wasserschutzpolizei auf der gefrorenen Fläche. Der Rorschacher Gemeinderat aber hält eine Sitzung auf dem See. Bürgermeister besuchen sich. 500 Schüler vom Rorschacher Berg kommen zu Fuß nach Kreßbronn. Die Konstanzer und die Kantonalen Eisbehörden haben Wegemarkierungen aufgestellt.
Der Höhepunkt dieses riesigen Eisfestes bilden nicht die Motorradeisrennen oder die Segelschlittenrennen, der Höhepunkt ist die große Eisprozession von Hagnau nach Münsterlingen/TG. Gemäß einem alten Gelübde wird bei jeder Seegfrörne die Büste des hl. Johannes Evangelist von dem Ort aus, der sie gerade beherbergt, über den See gebracht.

1963 waren es die Hagnauer, die sie in feierlicher Prozession mit Tausenden von Teilnehmern nach Münsterlingen/TG trugen. Böllerschießen, Musik und Gesang begleiten den Zug. Seit 1830 bewahrte Hagnau die Büste in seiner Kirche auf. Wie lange wird sie nun im Münsterlinger Gotteshaus ihren Platz haben?
Die Seegfrörne ist ein Fest; aber nicht für alle. Abgesehen davon, daß trotz Warnungen der Eismeister und genauer Messungen der jeweiligen Eisstärke Unfälle passieren, führt sie für die Vogelwelt oft zur Katastrophe: verendete Bläßhühner, Schwäne, die ans schützende Ufer getrieben werden müssen und vergebliches Futtersuchen auch für so harte Burschen wie die Möven. Kein Schiff fährt, bei dem sie schmarotzen könnten. Der Fährbetrieb muß eingestellt werden. Die Fähre Staad – Meersburg büßte 1963 Einnahmen von nahezu 200 000 DM ein.

»Fasnet« am Bodensee

Aber im Winter spielt sich das Leben nicht nur auf dem See und in den Bergen ab. In der Bodenseeregion feiert man ausgiebig Fastnacht. Während in Köln »Schwellköppe« durch die Stadt ziehen, man in Mainz »Fremdensitzungen« abhält oder in München in Ateliers feiert, bestimmen am Bodensee die Narren mit den großen geschnitzten Holzmasken das Bild: die Hänsele, die Hexen, die Geierschnäbel, die »Botzeköpf« (Bodanköpfe), die »Plätzler«, die »Mostköpfe«, die »Pflaumengucker« und wie sie alle heißen, geben jedem Ort seine Besonderheit. Auf Schloß Langenstein bei Stockach ist ein Fastnachtsmuseum eingerichtet, das von der Vielfalt des Brauchtums und seiner alten Tradition zeugt
Im fürstbischöflichen Meersburg etwa ging es vor 200 Jahren noch hoch her. Schwertertanz mit blanker Klinge, Reifspringen und Ringelrennen zu Pferd, das waren die Darbietungen im Schloßhof, daneben herrschte wie heute Narrentreiben in den Gassen.
In Überlingen bestimmten die Zünfte das Faschingstreiben.

Der Überlinger »Schwertlestanz« blieb von den alten Bräuchen übrig. An einem Haus in der Oberstadt ist er dargestellt. Früher brachten auch die Ratsherren ihrem »Nachbarn«, dem Komtur auf der Mainau, persönlich Fastnachtsküchle, er bewirtete sie zum Dank aus seinem Keller.

In Konstanz zeigte man zu Zeiten des Konzils am Fastnachtsdienstag ein »Fürstenstechen«, turnierähnliche Veranstaltungen des Hochadels.

Die Reformatoren hatten für so frohe Feste nichts übrig. Erst als Konstanz österreichisch und wieder katholisch wurde, begann auch das Faschingstreiben wieder mit Masken, Tänzen, Türklopfen, Erbsenwerfen, Zunftessen und voraus das Neujahrsanblasen. Damals entwickelte sich Konstanz zur Hochburg der Narren. Manche Narrenvereine aus dieser Zeit haben sich bis heute erhalten, so die »Elephanten«, die »Niederbürgler« und die »Scholaren«. Letztere veranstalten am Schmutzigen Donnerstag den traditionellen »Hemdenglonkerumzug«. Stockachs Narrenzunft hält seit 1315 bis heute das »hohe, grobgünstige Narrengericht« ab. Der österreichische Erzherzog Leopold I. hat es aus Dankbarkeit seinem Hofnarren Hans Kuoni von Stokken auf dessen Wunsch für Stockach verliehen. Die Narren sitzen über die Streiche zu Gericht, die die Bürger während des Jahres verübt haben.

Die »Kläuse«

Am tiefsten eingewurzelt sind die Bräuche aber in Appenzell/Innerrhoden. Dort liebt man malerische Volksfeste, meist religiösen Ursprungs und fast zu jeder Jahreszeit. Aber auch andere Orte feiern zu sommerlicher Zeit traditionsreiche Tage, wie die Radolfzeller mit einer Wasserprozession ihre »Hausherren« und die Lindauer und Konstanzer das Seenachtsfest mit großem Feuerwerk.

Einen breiten Raum im winterlichen Festkreis nehmen auf der Schweizer Seite des Sees die »Kläuse« ein, vom Nikolaus bis zum Silvesterklaus. Auf der deutschen Seite be-

schränkt sich das Umherziehen von »Niklassen« (das kann vom Lumpenmann bis zum Bischof reichen) auf den 5. und 6. Dezember.
In Urnäsch/AR aber ziehen die »Sylvester-Kläuse« und die »Rolle-Wyber« alljährlich am 13. Januar durch den Ort: Dem protestantischen Appenzell (Außerrhoden) paßte 1582 die Kalenderumstellung durch den Papst nicht und so blieb wenigstens im Brauchtum der alte Julianische Kalender erhalten.

Narrentreiben am Bodensee: In der Mitte von links nach rechts: zwei Mostköpfe aus Lindau und der elegante Friedrichshafener Hafennarr.

Allensbach:
Die berühmten »Alet-Masken« geben der Fastnacht das Gepräge.

Alberschwende/V:
Berühmte Fronleichnamsprozession mit historischer Schützenkompanie.

Altstätten/SG:
Am Fastnachtssonntag bis Dienstag führen berittene »Röllelibutzen« eine Polonaise auf.

Appenzeller Hinterland
feiert den sogenannten »alten Sylvester« (nach dem Julianischen Kalender) am 13. Januar mit »Sylvesterkläusen«. Die »Schellenkläuse« mit gewaltigen »Plümpen« und breit ausladendem Kopfputz, die weiblichen »Rollenkläuse« (mit runden Schellen) und einem spitzen Kopfputz tanzen vormittags in den Außenbezirken der Ortschaften.

Appenzell:
Am letzten Sonntag im April ist »Landsgemeindetag« mit Abstimmung aller Stimmbürger über die eingebrachten Anträge. Jeder kann vorher Anträge schriftlich einreichen. Die Innerrhodener stimmen immer in Appenzell ab, die Außerrhodener abwechselnd in Hundwil/AR und Trogen/AR. 10 000 Stimmbürger tragen als inoffiziellen Ausweis den Degen.

Appenzell/IR:
14. Mai Landswallfahrt der Innerrhodner zur Schlachtfeier auf den Stoß. Zwischenhalt auf dem sogenannten »Sammelplatz«, wo der Ratsschreiber den »Fahrtbrief« verliest. Schlachtfeier mit Messe und Festpredigt vor der Schlachtkapelle.
Fronleichnam wird mit prunkvollen Umzügen gefeiert.

Azmoos/SG:
Silvester: »Altjohrobedschelle« durch mehrere »Silvesterkläuse« in den Abendstunden.

Bludenz/V:
Fastnachtstreiben der Funkenzunft.

Ermatingen/TG:
Vierter Sonntag nach dem Aschermittwoch (Laetare). Sogenannte »Groppenfastnacht« mit Maskenbällen und Vereinsabenden. Alle drei Jahre am Nachmittag großer Umzug mit einem riesigen »Gropp«, einem Unterseefisch.

Feldkirch/V:
Im Juni: Weinfest.

Flawil/SG:
Dienstag nach dem 16. November (St. Otmar) sogenannte »Lägelisnacht«. Nach einer Legende hat sich eine »Lägel« (Fäßchen) Wein des St. Otmar immer wieder von selbst gefüllt. Neuerdings in den Abendstunden großer »Räbenlichter«-Umzug der Kinder.

Flums/SG:
An einem Sonntag um den 24. August wird »Barthlimeeschmelz« (Alpenbutterspende) an bedürftige Gemeindebürger verteilt.

Frauenfeld/TG:
Erster Montag im Dezember Umzug von »Kläusen« und »Chlanschlöpfern« mit langen »Geißeln«.

Friedrichshafen:
An Fastnacht tritt der Hafennarr mit Nachwuchs auf. Im Juli großes Seehasenfest mit Umzug und Feuerwerk.

St. Gallen/SG:
Ende Juni/Anfang Juli Kinderfest.

Kanton St. Gallen:
Sonntag um den 16. Oktober offizielle »Kilbi« anläßlich des Gallustages (am 16. Oktober); 5. Dezember Aufzug

des St. Nikolaus, zum Teil auch »Klausjagen« (junge Burschen ziehen durch die Orte und machen mit kurzgestielten »Geißeln«, Schellen und Hörnern Lärm).
Am Morgen von Silvester wird Lärm gemacht.

Hegau:
Im ganzen Gebiet hat sich ein vielfältiges Brauchtum zur »Fasnet im Hegau« erhalten.

Herisau/AR:
Aschermittwochnachmittag Kinderumzug mit Abdankungsfeier des »Gidio Hosestoß«, der Verkörperung der Fastnacht.

Konstanz:
Am »Schmutzigen Donnerstag« findet nächtlicherweile der »Hemdenglonkerumzug« statt.

Konstanz + Kreuzlingen/TG:
Seenachtsfest mit großem Feuerwerk Juli/August.
Größtes Fest am See: 100 000 Besucher.

Kreßbronn:
Ende April: Blütenfest.

Langenargen:
Der »Plaumenglucker« ist das Fastnachtssymbol von Langenargen und Eigeltingen. Im August: Fischerstechen.

Schloß Langenstein bei Stockach:
Fastnachtsmuseum, das ganze Jahr über geöffnet (»Narrenmuseum« = Maskensammlung).

Lindau:
»Mostköpfe« gehören zur Lindauer Fastnacht.
Seenachtsfest als Höhepunkt des Sommers, zuvor Gautrachtenfest und Kinderfest.

Mainau:
Vierzehn Tage lang (bis zum Aschermittwoch) Bälle und Narrenspiele, am »Schmutzige Dunschtig« Narrenbaumsetzen und Übergabe der Schlüssel des Schlosses an die Narren. (Statt schwedischer Flagge Narrenflagge.)

Friedrichshafen, Yachthafen und Schloßkirche. Diese ehemalige Prioratskirche Hofen hat Christian Thumb, ein Auer Baumeister, zwischen 1693 und 1701 geschaffen. (Foto: S. Lauterwasser, Überlingen)

Meersburg, die ehemals fürstbischöflich-konstanzische Residenz (1210–1802), die einzige Stadt Deutschlands, die an keiner Bahnlinie liegt, besitzt viele malerische Winkel. (Foto: Kur- und Verkehrsverwaltung, Meersburg)

Markdorf:
In der Nachweihnachtszeit »Einschellen« der Fastnacht durch die Jugend.

Meersburg:
»Einschellen« der Fastnacht durch die Jugend in der Nachweihnachtszeit.
Die »Schnabelgiere« sind die Attraktion der Fastnacht.

Meglisalp/AR:
Mariä-Schnee-Fest am 5. August mit kirchlicher Feier und geselligem Beisammensein der Älpler.

Moos:
Im Juli: Wasserprozession von Moos nach Radolfzell.

Oberschaan/SG:
Silvester: »Altjohrobedschelle« durch mehrere »Silvesterkläuse« in den Abendstunden.

Radolfzell:
Dritter Sonntag und Montag im Juli »Hausherrenfest« (Fest der Stadtpatrone), an dem auch die umliegenden Orte teilnehmen.

Ravensburg:
Im Sommer 400 Jahre altes »Rutenfest« mit Festzug, Adlerschießen, Armbrustschützenfest, Böllerschießen, dauert eine ganze Woche.

Reichenau:
Im April: Markusfest mit Bürgerwehrprozession.
Im Juni: Heiligblutfest mit Heiligblutprozession.
Im August: Münsterpatrozinium mit Bürgerwehrprozession.
Ende September: Erntedankfest.

Singen:
Im Juli: Hohentwiel-Fest.

Stockach:
»Hohes grobgünstiges Narrengericht« in der Faschingszeit, auf dem die »Streiche der Bürger« in aller Öffentlichkeit »abgeurteilt« werden.

Tettnang
kennt den Hopfennarren zur Faschingszeit und im Juli das Montfortfest.

Toggenburger Land/SG:
Ende Juni, Anfang Juli: Alpfahrt, die Sennen tragen malerische Trachten, die Kühe die berühmten Glocken.

Überlingen:
In der Nachweihnachtszeit »Einschellen« der Fastnacht durch die Jugend.
Das peitschenschwingende »Hansele« ist der Clou der Fastnacht. Ihm wurde ein eigener Brunnen gewidmet.
Im Mai und Juli: Schwedenprozessionen.

Urnäsch/AR:
13. Januar Silvesterfeier (nach dem Julianischen Kalender) mit »Rolle-Wyber« und Kläusen.

Uznach/SG:
Vierter Samstag im November: Anläßlich des Klausmarktes alle fünf Jahre abendlicher Umzug der zwölf Kaltbrunner Kläuse, die die zwölf Monate symbolisieren, hohe, von innen beleuchtete Hüte tragen und mit großen »Treicheln« Lärm machen. Begleitet werden sie von Esel und Eseltreiber, zwei »Geißelklopfern« und zwei Trabanten, die Süßigkeiten verteilen.

Wartau/SG:
Silvester: »Altjohrobedschelle« durch mehrere »Silvesterkläuse« in den Abendstunden.

Weinfelden/TG:
Am Donnerstag der letzten ganzen Woche vor Weihnachten wird die sogenannte »Bochselnacht« mit großen »Räbenlichter«-Umzügen der Schuljugend gefeiert.
»Bochseltiere«, ausgehöhlte, zu Fratzen geschnittene Kürbisse, werden von innen beleuchtet und an langen Stecken herumgetragen.

Weingarten:
Der »Plätzler« ist die bekannte Fastnachtsfigur.
Im Mai: Blutfreitag mit großer Reiterprozession.

Wil/SG:
Erster oder zweiter Oktobersonntag »Stecklitragen« als Gabenumzug der Jugend am frühen Nachmittag, anläßlich des Endschießens der Feldschützengesellschaft. An der Spitze des Zuges wird ein großer Hampelmann getragen. Silvester: Abendliche »Laternenvisitation«, ein Lampionumzug der Schuljugend, die von Trommlern angeführt werden, zur Erinnerung an die Kontrolle der Sturmlaterne jedes Einwohners.

Wildkirchli/AR:
Am zweiten Sonntag im Juli Schutzengelfest mit vielen Pilgern.

Wasserprozession von Moos

Fährschiffe und die »Weiße Flotte«

Ein Gewässer vom Ausmaß des Bodensees erfordert leistungsfähige Schiffe und Fähren, wenn es nicht zum Verkehrshindernis werden soll. Schiffsreisen dienen aber oft gleichzeitig zur Erholung und zum Vergnügen.

Die deutschen, schweizerischen und österreichischen Bundesbahnen haben sich zur Vereinigten Schiffahrtsverwaltung auf dem Obersee, dem Überlinger See, dem Untersee und dem Rhein zusammengeschlossen. Mit 35 Schiffen und einigen Motorbooten befördert die »Weiße Flotte« alljährlich Hunderttausende von Passagieren.

Vor 150 Jahren – 1824 – löste der erste Raddampfer, die »Wilhelm«, eine der »Lädinen« (Segelschiffe) ab.

Genaugenommen fuhr das erste Dampfschiff schon 1817 auf dem Bodensee, aber die »Stephanie«, nach der badischen Großherzogin benannt, überstand ihre Jungfernfahrt nicht. Sie benötigte für die Strecke Konstanz–Meersburg volle vier Stunden und versank dann in den Wellen. Der Volksmund wandelte den Schiffsnamen trefflich ab in »Steh-fahr-nie«.

Fast zwei Jahrhunderte zuvor führte man mit den »Lädinen« noch einen »Seekrieg«. 1634 bauten die Schweden in Buchhorn eine Flotte und belagerten damit erfolglos Überlingen. Bürgermeister Pflummern verteidigte seine Stadt. In Bregenz/V kamen sie dann ans Ziel, ebenso auf der Mainau. Feldmarschall Wrangel eroberte die Insel mit 13 Schiffen und 1000 Mann Besatzung, ein Jahr vor Ende des Dreißigjährigen Krieges.

Dieser Kriegsflotte ging viele Jahrhunderte zuvor die des Römers Tiberius voraus. Er hatte für seine Schiffe die Insel Mainau als Stützpunkt gewählt und zog von dort aus auf Eroberungen aus. Mit der alten Segelschiff- und Raddampferromantik war es aber endgültig vorbei, als kurz nach der Gründung der Bodanwerft (»Schiffe und fliegende Schiffe«) alle Schiffe von Dampf auf Dieselmotoren umgestellt wurden.

Heute sind die Maschinen oft schon fernbedient und fernüberwacht. Radaranlagen helfen im Nebel, und moderner Komfort macht den Reisenden die Fahrt zum Genuß.
Blütenfahrten, Tanzfahrten, Kaffeefahrten, nächtliche Tanz- und Musikfahrten dienen der Erholung und dem Vergnügen.
Das Schwergewicht ruht auf dem ganzjährigen Linienverkehr, der im Sommer durch eintägige Rundfahrten und viele Ausflugsangebote ergänzt wird. Eineinhalb Millionen Feriengäste lösen alljährlich rund vier Millionen Schiffsfahrkarten.
Die beiden Hauptverkehrsstraßen des Bodenseegebietes führen über Fähren fast ohne Halt ans andere Ufer, die eine von Meersburg nach Konstanz-Staad, die andere, die neben Autos und Personen auch Eisenbahnzüge befördert, von Friedrichshafen nach Romanshorn/TG. Um die stark benutzte Fähre Konstanz–Meersburg wurde in den letzten Jahren immer wieder diskutiert. Als Alternativen brachte man einen Unterwassertunnel und eine Hängebrücke ins Gespräch. Eine eigene »Studiengesellschaft Seebrücke – Seetunnel« untersucht alle Möglichkeiten. Technisch wäre weder das eine noch das andere außergewöhnlich schwierig. Fraglich bleibt allerdings in beiden Fällen, ob sich der Aufwand selbst bei Erhebung einer Brücken- bzw. Tunnelmaut bezahlt machen würde.
Inzwischen wurde der Fährverkehr verdichtet und auch auf die ganze Nacht ausgedehnt, so daß wieder mehr für eine Erhaltung der Fähre stimmen.
Man befürchtet bei einer Brücke Landschaftsbeeinträchtigung, Abgase, Lärm und auch Sturmunfälle.
Einige statistische Zahlen verdeutlichen die Bedeutung des Fährbetriebs Konstanz–Meersburg. In einem Jahr werden heute durchschnittlich eine Million Personenwagen, 100 000 Lastwagen, 2000 Omnibusse und vier Millionen Fahrgäste befördert. Die Gesamtzahl der Fahrten erhöhte sich durch den Zehn-Minuten-Verkehr und den Tag- und Nachtbetrieb, sie liegt bei 50 000 im Jahr.
Die Friedrichshafener Fähre als die ältere – 1969 bestand

sie 100 Jahre – transportiert aber erst seit 1955 auch Autos. Sie war ursprünglich nur zum Transport von Eisenbahn-Güterwagen vorgesehen. Jetzt werden etwa 35 000 Waggons und 20 000 Autos und knapp 200 000 Passagiere im Jahr befördert. Die Strecke von 13 km wird in 50 Minuten bewältigt.

Eine »Lädine«

Fähren

Konstanz – Meersburg
Sieben Autofährschiffe ersparen dem Autofahrer einen 70 km langen Umweg. Fahrtdauer 16 Minuten. Im Sommer alle 10 Minuten, im Winter alle 60 Minuten, sonst alle 15 Minuten ein Schiff. Tag- und Nachtbetrieb.

Friedrichshafen – Romanshorn/TG
Zwei Fährschiffe verbinden Deutschland mit der Schweiz. Die Fahrtdauer beträgt 50 Minuten. Fährbetrieb vom 26. März bis 3. Oktober im Abstand von 60 Minuten. Im Winter ruht der Autofährbetrieb. Die Fähre transportiert auch Eisenbahnwaggons.

Schiffahrt – Linienverkehr

Konstanz – Meersburg-Hagnau – Immenstaad – Friedrichshafen – Langenargen – Kreßbronn – Nonnenhorn – Wasserburg – Bad Schachen – Lindau – Bregenz/V (Bad Schachen nur bei ausreichendem Wasserstand).

Zwischen Friedrichshafen und Bregenz/V ruht im Winter der Schiffsverkehr. Fahrzeit Konstanz – Bregenz/V dreidreiviertel Stunden.

Konstanz – Meersburg – Mainau – Unteruhldingen – Dingelsdorf – Überlingen – Wallhausen – Marienschlucht – Sipplingen-Ludwigshafen – Bodman.
Im Winter wird die Mainau nicht angelaufen. Ab Überlingen übernimmt die Motorboot-Gesellschaft Bodman die Führung. Fahrzeit Konstanz – Bodman etwa zwei Stunden.

Radolfzell – Iznang – Mettnau – Reichenau – Mannenbach/TG – Ermatingen/TG – Gottlieben/TG – Konstanz. (Mettnau nur bei ausreichendem Wasserstand) Fahrzeit Radolfzell – Konstanz 1 Stunde 50 Minuten.

Kreuzlingen – Konstanz – Gottlieben/TG – Ermatingen/TG – Reichenau – Mannenbach/TG – Berlingen/TG –

Gaienhofen – Steckborn/TG – Hemmenhofen – Wangen – Mammern/TG – Öhningen – Stein am Rhein/SH – Diessenhofen/TG – Büsingen – Schaffhausen/SH.
Fahrzeit Kreuzlingen/TG – Schaffhausen/SH 3 Stunden 15 Minuten und umgekehrt (gegen die Strömung) 3 Stunden 50 Minuten.

Friedrichshafen – Romanshorn/TG
Gleichzeitig Autofähre. Fahrzeit 50 Minuten.

Lindau – Bad Schachen – Wasserburg – Rorschach/SG
Fahrzeit 1 Stunde 15 Minuten (Bad Schachen nur bei ausreichendem Wasserstand).

Romanshorn/TG – Arbon/TG – Horn/TG – Rorschach/SG – Staad/SG
Fahrzeit etwa eine Stunde.

Motorboot-Uferfahrten: Romanshorn/TG – Uttwil/TG an allen Sonn- und Feiertagen bei schönem Wetter.
Im Ausflugsverkehr ganztägige Kreuzfahrten durch Schalteranschlag bekanntgegeben.
Bei Nebel oder Sturm können sich die Schiffe verspäten oder die Fahrten ausfallen.

Bahnen aller Art

Es ist kein Geheimnis: trotz aller Verbesserungen Jahr für Jahr bedient die Deutsche Bundesbahn den Bodensee nicht so wie Frankfurt, Köln oder Hamburg und wird es auch nie. Der See stellt in diesem Fall wirklich ein Hindernis dar. Wir haben es nicht mit einer geballten Stadt von 1,2 Millionen Einwohner wie Hamburg zu tun, sondern die 1,2 Millionen des »urbanen Großraums« sind auf 255 km Uferlänge verteilt. Allein die Verbindung dieser Orte untereinander mit der Seeuferbahn entspricht bereits einem respektablen Stadtbahnnetz. Man fragt sich sofort, wo in diesem Netz sollte der Hauptbahnhof liegen. In Konstanz, in Friedrichshafen, in Radolfzell oder in Bregenz/V? Außerdem stehen Sackbahnhöfe heute in keinem Land der Welt mehr im Programm. Man muß also nicht nur irgendwo mit dem Zug hinfahren, sondern auch sofort ohne Umdrehen weiterfahren können. Bei allem Klagen der Bodenseeanwohner über den »Verkehrsschatten«, in dem sie immer noch liegen, sollte man die Gegebenheiten nicht vergessen.

Trotzdem bemüht man sich von Jahr zu Jahr, günstigere Anschlüsse zu schaffen, sei es mit dem Schnellzuganschluß an die Intercity-Züge, sei es durch direkte Verbindungen nach Zürich/ZH, Stuttgart, München, Freiburg, Basel/BS.

Neue Hoffnungen erweckt ein großes Projekt: Entlang der Vogelfluglinie soll eine neue Eisenbahnverbindung Nord-Süd entstehen, die von Dänemark nach Rom über Lindau – Bregenz – St. Margareten führen soll.

Sein Auto kann man mit dem Zug an den See bringen lassen. Es gibt Autoreisezüge von Hamburg über Lindau, Bregenz/V nach Feldkirch/V und von Hamburg nach Radolfzell.

Den Urlauber berührt der »Verkehrsschatten« kaum bei der An- und Abfahrt; denn viele kommen mit Bussen oder dem eigenen Auto. Wichtiger ist für ihn die Strecke rings um den See, und da gibt es nichts zu klagen.

Das war von Anfang an so. Schon 1847 fuhren Eisenbahnen am See, aber es dauerte noch Jahre, bis man von Mannheim nach Konstanz gelangen konnte. 1847 wurde die Bahn Friedrichshafen – Ravensburg eröffnet, 1863 konnte man über Basel/BS – Singen – Radolfzell Konstanz erreichen. Die direkte Verbindung zur badischen Landeshauptstadt Karlsruhe über den Schwarzwald war erst 1873 fertig.

1870 richtete die Deutsche Bahnverwaltung die Fähre von Friedrichshafen nach Romanshorn/TG ein. Ein Jahr danach wurde die Eisenbahnlinie Romanshorn/TG – Konstanz eröffnet. Die Züge fuhren mit 50 Stundenkilometern und bestanden aus segeltuchbedeckten Holzwagen, Toiletten gab es noch keine. Pro Tag fuhren zwei sogenannte Schnellzüge und immerhin schon zehn Personenzüge. Heute verkehren sechs Schnellzüge und 28 Personenzüge.

1946 wurde die Bahn von der SBB elektrifiziert.

Für den Urlauber und Ausflügler wurden Kombinationen für Rundfahrten geschaffen, die teils per Schiff, teils per Bahn oder Bus die schönsten Plätze ansteuern. Eine beliebte Strecke führt zum Rheinfall bei Schaffhausen: Schaffhausen/SH (Postauto) – Laufen/SH (Boot) – Wörth/SH (zu Fuß) – Neuhausen/SH (Trolleybus) – Schaffhausen-Bahnhof mit Anschluß an die Schiffskurse an der Schiffslände.

Eine zweite bevorzugte Fahrt geht von Rorschach/SG (Schiff) – über Rheineck/SG (Bergbahn) – Walzenhausen/AR (Bus) – Heiden/AR (Bergbahn) zurück nach Rorschach/SG.

Die Bergbahn hinauf nach Heiden/AR – der Kurort ist durch den Gründer des Roten Kreuzes, Henri Dunant, bekannt – wurde ausgebaut, so daß jetzt die Standardwagen der SBB die Strecke befahren können. Die Bergbahn nach Walzenhausen/AR, der Aussichtsterrasse des Appenzeller Landes, besteht schon seit 75 Jahren.

Die Bodensee-Toggenburg-Bahn veranstaltet Gesellschaftsreisen ab St. Gallen/SG unter dem Motto »Chömed mit« und als besondere Attraktion »Hochzeitsreisen«. Die Toggenburgbahn fährt regulär vom Bodensee zum Vier-

waldstätter See. Toggenburg nennt man die Voralpenlandschaft von Wil/SG, Wattwil/SG nach Neßlau/SG und von dort zum Dreigestirn der Obertoggenburg, Alt St. Johann/SG, Unterwössen/SG und Wildhaus/SG.
Wer allerdings eine »Museumsbahn« benutzen will, der muß nach Bludenz/V. Von dort nach Schruns/V verkehren alte Dampfsonderzüge. Diese Fahrt durchs Montafon ist beliebt, und da in der Sommersaison nur zwei bis dreimal pro Monat gefahren wird, muß man die Plätze vorbestellen.
Alle Sessel-, Kabinen- und Schwebebahnen aufzuzählen, die es in den angrenzenden Bergen der Schweiz und Vorarlbergs gibt, wäre mühselig. Man kann sagen, jeder bekannte Berg besitzt so eine Einrichtung. Eine muß jedoch besonders herausgehoben werden, weil sie wie keine andere einen Blick auf den See bietet: die Pfänderbahn. Dieser Hausberg von Bregenz/V ist 1022 m hoch. Schon der sich ständig erweiternde Rundblick aus der Gondel lohnt die Fahrt. Oben bietet sich bei gutem Wetter ein Panorama nicht nur auf die Allgäuer, Vorarlberger und Schweizer Alpen, sondern sogar bis hinüber in die Schwarzwaldregion.

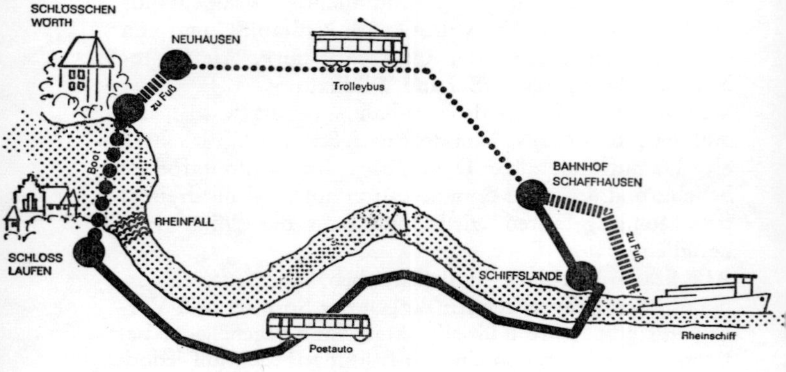
SCHLÖSSCHEN
WÖRTH
NEUHAUSEN
Trolleybus
zu Fuß
Boot
BAHNHOF
SCHAFFHAUSEN
RHEINFALL
zu Fuß
SCHLOSS
LAUFEN
SCHIFFSLÄNDE
Postauto
Rheinschiff

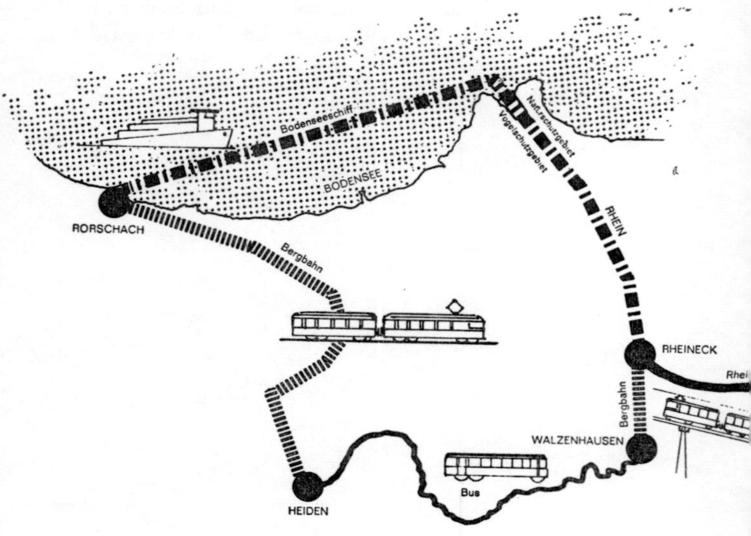
Bodenseeschiff
Naturschutzgebiet
Vogelschutzgebiet
BODENSEE
RORSCHACH
RHEIN
Bergbahn
RHEINECK
Bergbahn
WALZENHAUSEN
Bus
HEIDEN

■ *Die wichtigsten Bergbahnen im Seegebiet*
(Zahlen in Klammern = Meereshöhe)

Zahnradbahn:
Rorschach/SG (400) – Heiden/AR (800)
Zahnradbahn:
Rheineck/SG (400) – Walzenhausen/AR (675)
Kabinenseilbahn:
Bregenz/V (400) – Pfänder/V (1000)
Kabinenseilbahn:
Dornbirn/V (440) – Karren/V (980)
Sessellift:
Wasserauen/AR (870) – Ebenalp/AR (1600)
Seilbahn:
Schwägalb/AR (1356) – Säntis/AR (2501)

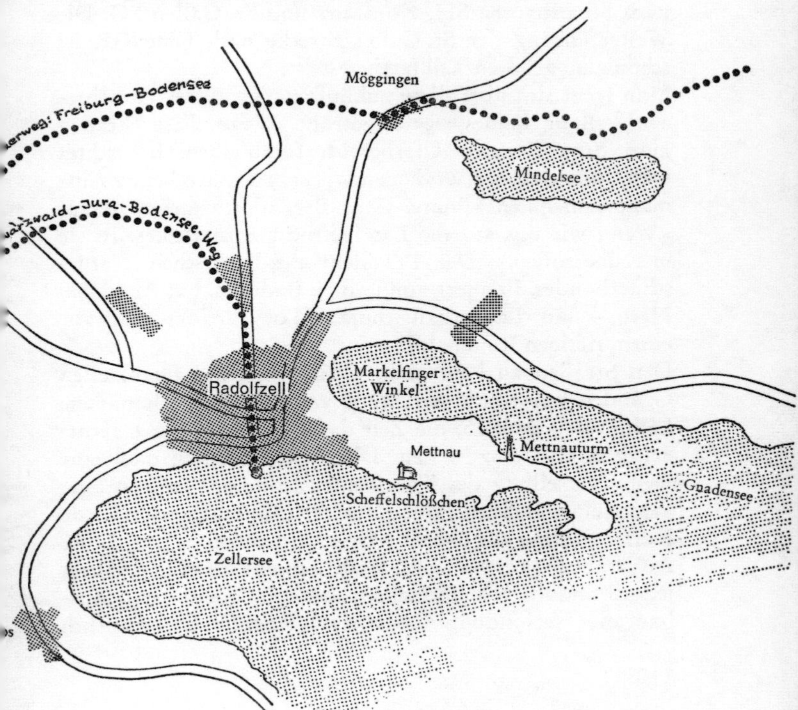

Wo bleibt die Autobahn an den Bodensee? Das wurde seit Jahren lautstark gefordert von allen amtlichen und halbamtlichen Stellen rings um den See einschließlich der Presse. Jetzt, da diese Pläne verwirklicht werden sollen, fragt man sich besorgt: Was kommt mit der Autobahn auf den Bodensee zu? Geplant ist eine Strecke von Stuttgart über Singen, Stockach, das nordwestliche Ufer entlang nach Lindau und von dort in drei Abzweigungen über Memmingen an die Autobahn München – Würzburg, direkt nach München und über Bregenz/V – Dornbirn/V nach Feldkirch/V. Vom Süden her soll eine Autobahn nach Winterthur/ZH führen und sich von dort dreifach gabeln nach Schaffhausen/SH, Konstanz und St. Gallen/SG. Die Weiterführung der St. Galler Strecke nach Chur/GR ist schon zum größten Teil fertiggestellt.
Man freut sich über diese zukünftige gewaltige Verkehrserschließung keineswegs ungetrübt. Wenn diese Straßen auch dem direkten Uferbereich fernbleiben, befürchtet man doch, daß der Wochenendverkehr erschreckende Ausmaße annehmen könnte. Graf Bernadotte meinte dazu: »Wenn wir uns auf die Lawine nicht einstellen, wird sie uns überrollen.« Der Präsident des Deutschen Naturschutzbundes, Freiherr von und zu Bodman, hat Angst um Natur- und Landschaftsschutz. Man fürchtet sich vor einem riesigen Rummelplatz.
Den Straßenbau kann man allein schon aus finanziellen Gründen nur Stück um Stück verwirklichen. Besonnene Leute raten deshalb, die Zeit dafür zu nutzen, sich rechtzeitig darauf einzustellen. Diese Vorbereitung muß eine weite Verteilung des Touristenzustroms im ganzen Seegebiet einschließlich Hinterland im Auge haben und jede Konzentration auf einzelne Orte vermeiden.
Autobahnen am See sind noch Zukunftsmusik, Realität jedoch sind die Schnellstraßen; so wurde durch deren Ausbau die Verbindung Konstanz – Radolfzell wesentlich

verbessert. Durch die Umgehung von Überlingen fällt ein empfindlicher Engpaß weg. Die Schweizer Uferstraßen waren schon immer gut.
Wer übrigens von Schaffhausen/SH nach St. Gallen/SG will, ohne Konstanz anzufahren, kann in Kürze die gesamte Strecke auf der Autobahn zurücklegen.
Der Straßenbau hat übrigens gezeigt, daß die zwischenstaatliche Zusammenarbeit noch besser werden muß: Im Rheintal gibt es eine vorarlbergische und eine Schweizer Autobahn. Beide Staaten sind heute der Ansicht, eine hätte genügt.

Barockstraßen

Interessant sind die landschaftlich besonders schönen Straßen. Da steht an erster Stelle die Barockstraße oder, wie sie genauer heißt, die »Oberschwäbische Barockstraße«. Sie hat mehrere Linienführungen, die in drei Orten den Bodensee erreichen: die Hauptstrecke bei Langenargen, die Westroute in Oberuhldingen. Beide führen über Lindau und Bregenz/V als Südroute entlang dem Südufer des Sees. Sie verbindet alle Barockbauten am See miteinander. Ob Haupt-, West- oder Südroute ist für den Autofahrer ohne Bedeutung, für ihn ist es eine Rundreise um den Obersee, die in Heiligenberg / Salem / Birnau beginnt, einen Abstecher nach Baitenhausen macht, und weiter über Friedrichshafen, Eriskirch, Langenargen nach Lindau führt. In Bregenz/V zweigt sie ab nach Bildstein/V, dann läuft die Straße über Hohenems/V und Trogen/AR nach St. Gallen/SG. Über Münsterlingen/TG, Kreuzlingen/TG und Konstanz (Fähre) erreicht sie in Meersburg wieder den Ausgangspunkt der Rundreise.
Die Barockstraße ist auf weiten Strecken der Weg der Bregenzer Barockbaumeister.

Route verte – Grüne Straße

Eine andere reizvolle Straße erreicht den See von Stockach kommend schon in Ludwigshafen und bleibt von Meersburg bis Lindau mit der Südroute der Barockstraße identisch. Sie ist das Endstück der 450 km langen »Grünen Straße« oder, wie sie in Frankreich heißt, »Route verte«. Sie verbindet die Maas mit dem Bodensee. Sie beginnt in Domrémy-la-Pucelle/F, durch die Jungfrau von Orléans bekannt. Auf dem Weg über das Heilbad Vittel/F (ein bekannter französischer Sprudel), die Festungsstadt Epinal/F und die Wasserfälle von Tendon/F erreicht sie bei Gérardmer/F die Vogesen. Hier muß sie die 1139 m hohe Paßhöhe bei der Schlucht erklettern, besucht Gunsbach/F, die Heimat Albert Schweitzers und gelangt über das Heilbad Sulzbach/F und das mittelalterliche Turckheim/F endlich nach Colmar/F. Ab Breisach heißt sie dann »Grüne Straße«. Von Freiburg aus steigt sie durch das Höllental hinauf nach Neustadt und erreicht über Donaueschingen den See. Ab Freiburg läuft sie parallel mit dem Querweg des Schwarzwaldvereins »Freiburg – Bodensee«, der auch den Hegau als Naturpark durchquert. In Engen zweigt eine weitere Linie über Singen nach Radolfzell und Konstanz ab.

Die Schweizer Straße

Der Hegau bildete immer schon den Schnittpunkt der Nord-Süd-Straßen mit den West-Ost-Straßen. Hilzingen galt noch zur Zeit des Peter Thumb als Knotenpunkt und Poststation. Hier läuft die alte Poststraße, die »Schweizer Straße«, von Stuttgart nach Schaffhausen/SH. Goethe nannte in einem Brief an den Herzog von Weimar die Reise auf der »Schweizerstraße« eine »sonderbare, angenehme, ritterliche Expedition«. Diese Straße, die schon Kaiser und Könige benutzten, ist heute noch die schnellste und schönste Verbindung von Stuttgart nach Schaffhausen/SH. Die alte Streckenführung blieb fast unverändert:

Überlingen, viele schmale Gassen führen zum Münster.

Sipplingen am Überlingersee. Von hier aus wird Bodenseewasser bis in den Schwäbischen Wald gepumpt. (Foto: Heinz Finke, Konstanz)

Stuttgart – Tübingen – Hechingen – Balingen – Rottweil – Schwenningen – Bad Dürrheim – Donaueschingen – Neuhaus – Schaffhausen/SH.

St.-Jakobs-Straßen

So alt wie die Schweizer Straße sind auch die St.-Jakobs-Straßen. Ihre Streckenführung kann man im Bodenseeraum nur an den Jakob- oder Jodokkirchen ablesen. Sie wurden von den Jakobs- und Jodokbruderschaften gestiftet. In eine solche Bruderschaft konnte nur der aufgenommen werden, der eine Wallfahrt nach Compostela mitgemacht hatte, später genügten dafür auch Wallfahrten nach Rom, Aachen oder St. Josse in der Picardie, der Verehrungsstätte des hl. Jodok. Großer Versammlungsplatz und Ausgang einer St.-Jakobs-Straße war für das Bodenseegebiet Einsiedeln/SZ. Das Kloster besaß einen eigenen Pilgerführer. Von diesem Sammelpunkt aus zog man auf der »Oberen Straße« nach Santiago de Compostela/E. Die weitverzweigten, von Osten kommenden St.-Jakobs-Straßen liefen durch Frankreich in fünf Routen, um erst in Spanien in eine einzige einzumünden. Die Jakobsstraßen des Bodensees führten nach Einsiedeln. Ausgangspunkt waren mit Sicherheit die Orte, die Figuren, Fresken, Kapellen und Kirchen des heiligen Jakob besitzen. In Überlingen, Riedholz, Nonnenhorn und Lindau waren die Bruderschaften so groß, daß sie sich eigene Kirchen leisten konnten.

Die große Überlinger Bruderschaft ließ 1424 die Jodokkapelle (mit Jakobsfresken) erbauen. In Lindau bestand die Jodokbruderschaft noch bis 1813. Sie wurde wohl lange vor 1363 gegründet, damals war die Jakobskirche fertiggestellt. Zu ihren Bräuchen gehörte eine Kahnwallfahrt. Ihre Kirche wurde im 19. Jahrhundert abgetragen, sie stand an der Stelle der »Burg« (Römerschanze).

Ohne Zweifel beweisen diese Jakob-Erinnerungen, daß in allen Jahrhunderten – spätestens seit dem 13. Jahrhundert – von den Bodensee-Anwohnern nach Compostela/E gewallt wurde. Wenn man sich gleichzeitig der Ravensburger Handelsgesellschaft erinnert, die dort eine ihrer Hauptniederlassungen unterhielt, ist es wohl nicht abwegig, zu vermuten, daß Wallfahrt und Handel gelegentlich zusammenfielen.

Die Kaiserstraße

Im Wasser des Bodensees selbst besteht noch eine sehr eigenartige Straße. Die Sage nennt sie die »Kaiserstraße«. In Trockenzeiten wie im Frühjahr 1972 tauchen zwischen der Reichenau und der Mettnau kleine Inselchen auf. Hier zieht sich unter Wasser ein Erddamm zwischen Niederzell – (der Furt bei Schloß Windegg) – und der Mettnauspitze hin.

Das soll früher, so erzählt man, als das Wasser noch niedriger stand, ein bequemer Weg zur Reichenau gewesen sein, den die geistlichen und weltlichen Herren benutzten. So sei der Kaiser leicht und schnell von seiner Pfalz in Bodman herüber auf die Reichenau gekommen. Diese »Kaiserstraße« wurde später vom steigenden Wasser überspült. Tatsächlich stand das Wasser des Sees jahrhundertelang niedriger – man denke an die Pfahlbauer. – Heute werden nur noch bei Niedrigwasser kleine Inselchen sichtbar. Diese auftauchenden und wieder verschwindenden Eilande haben eigene Namen: »Liebesinsel«, »Breitenstein«, »Straßenrain«, und die in letzter Zeit sorgfältig erforschte Erhebung »Markelfinger Berg«. Alljährlich, wenigstens im Februar, besteht die Möglichkeit den Verlauf der »Kaiserstraße« zu sehen, denn dann hat der Bodensee seinen niedrigsten Wasserstand. Man kann die aus dem Wasser ragenden Erhebungen auch betreten, 1922 und 1972 spielte eine Musikkapelle auf der »Liebesinsel«, aber zur Reichenau gelangt man auf dieser »Straße« nicht mehr hinüber. Sie ist inzwischen aber eine Gefahr für die Schiffe geworden.

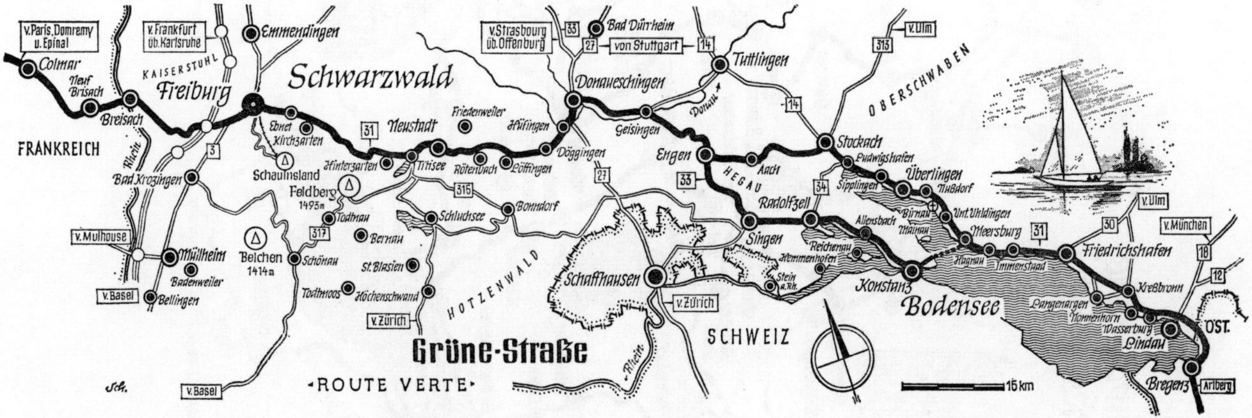
Grüne-Straße
·ROUTE VERTE·
Schwarzwald
FRANKREICH
SCHWEIZ
ÖST.
OBERSCHWABEN
HOTZENWALD
HEGAU
KAISERSTUHL
Bodensee
v. Paris, Domremy u. Epinal
v. Frankfurt üb. Karlsruhe
v. Strasbourg üb. Offenburg
von Stuttgart
v. Ulm
v. München
v. Mulhouse
v. Basel
v. Zürich
Arlberg
Colmar
Neuf Brisach
Breisach
Freiburg
Emmendingen
Bad Krozingen
Müllheim
Badenweiler
Bellingen
Ebnet
Kirchzarten
Schauinsland
Feldberg 1493 m
Belchen 1414 m
Hinterzarten
Titisee
Neustadt
Friedenweiler
Rötenbach
Löffingen
Hüfingen
Döggingen
Donaueschingen
Bad Dürrheim
Geisingen
Tuttlingen
Donau
Engen
Aach
Stockach
Todtnau
Schönau
Bernau
St. Blasien
Todtmoos
Höchenschwand
Schluchsee
Bonndorf
Schaffhausen
Rhein
Singen
Radolfzell
Stein a. Rh.
Hemmenhofen
Reichenau
Allensbach
Konstanz
Ludwigshafen
Sipplingen
Überlingen
Nußdorf
Birnau
Mainau
Unt. Uhldingen
Meersburg
Hagnau
Immenstaad
Friedrichshafen
Langenargen
Nonnenhorn
Kreßbronn
Wasserburg
Lindau
Bregenz
3
31
33
27
14
313
315
317
34
30
18
12
15 km
Sch.

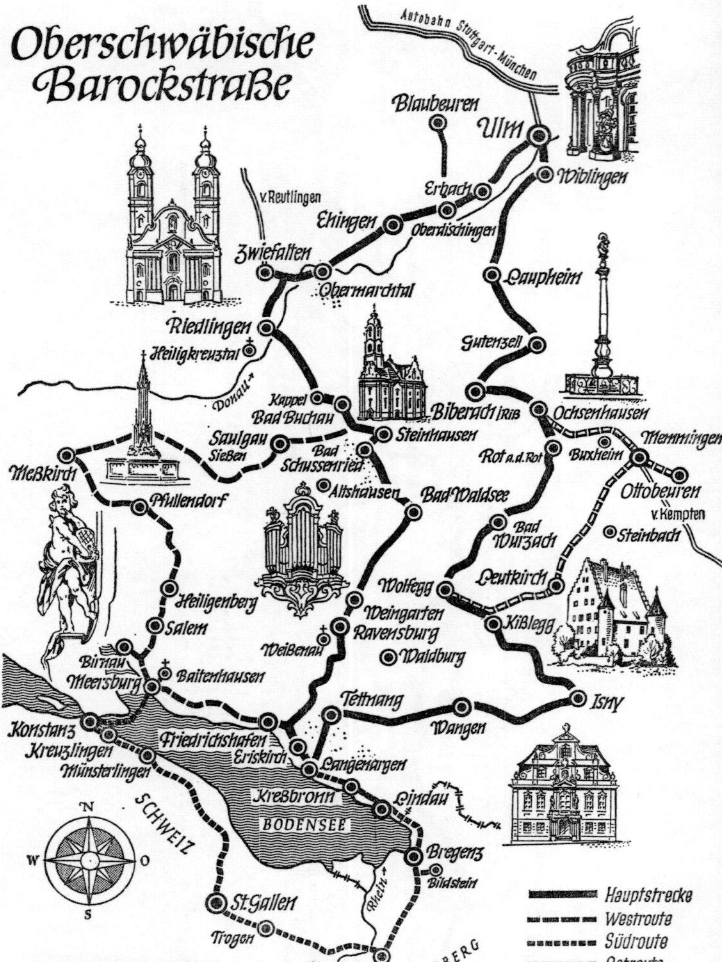
Oberschwäbische Barockstraße
Autobahn Stuttgart-München
Blaubeuren
Ulm
Wiblingen
v. Reutlingen
Erbach
Ehingen
Oberdischingen
Zwiefalten
Obermarchtal
Laupheim
Riedlingen
Heiligkreuztal
Gutenzell
Donau
Kappel
Bad Buchau
Biberach i. R.
Ochsenhausen
Saulgau
Sießen
Steinhausen
Bad Schussenried
Rot a. d. Rot
Buxheim
Memmingen
Meßkirch
Ottobeuren
Altshausen
Pfullendorf
Bad Waldsee
v. Kempten
Bad Wurzach
Steinbach
Leutkirch
Wolfegg
Heiligenberg
Weingarten
Kißlegg
Salem
Ravensburg
Weißenau
Waldburg
Birnau
Meersburg
Baitenhausen
Tettnang
Isny
Wangen
Konstanz
Kreuzlingen
Friedrichshafen
Eriskirch
Münsterlingen
Langenargen
Kreßbronn
Lindau
SCHWEIZ
BODENSEE
N
W
O
S
Bregenz
Bildstein
Rhein
St. Gallen
Trogen
Hohenems
VORARLBERG
20 km
Hauptstrecke
Westroute
Südroute
Ostroute
Sch.

Die Schweizer Straße

Zum Wandern verführt

Es ist schon so: am Bodensee wird man durch mancherlei zum Wandern verführt.
Manch einer folgt einem inneren Zwang, der ihn dazu treibt, den See zu umrunden, um ihn zu »besitzen«. Der Bodensee-Rundwanderweg ist eigens dafür geschaffen. Ganz zu Fuß ist er allerdings nicht jedermanns Sache. Genau 316 km schlängelt er sich dem Ufer entlang, ist durchgehend markiert (blauer Punkt auf schwarzem Pfeil) und soll sich von einem flotten Wanderer in 10 Tagen bewältigen lassen. Wer weniger Zeit oder Lust hat, kann den Obersee, den Untersee oder den Überlinger See allein umrunden, es lassen sich auch viele Kombinationen mit Schiff, Bahn oder Bus zusammenstellen. Mit einer Ferienkarte oder 7-Tage-Karte der Bodenseeschiffe kann man herumfahren und aussteigen, wo man will.
Die Verkehrsbetriebe selbst laden zum Wandern ein. So teilt die Toggenburgbahn auf all ihren Stationen Prospekte mit 30 Wandervorschlägen aus. Das Toggenburg besitzt ausgebaute und markierte Wanderwege von zusammen 300 km Länge. Von der Seeuferbahn aus kann man an jedem beliebigen Punkt eine Uferwanderung beginnen, fortsetzen oder beenden.
Feldkirch/V schlägt 20 Buswanderungen vor. Mit Postbus geht es zum Ausgangspunkt, und ein anderer Postbus bringt die Wanderer wieder zurück.
Die »Nordostschweiz« hat eine Botanisiertrommel, das sogenannte »Ostschwizerli«, als Symbol und Souvenir gewählt, um das »Wanderland Nordostschweiz« zu propagieren. »Wandern im Thurgau« nennt sich ein neues Wanderbuch der Thurgauischen Verkehrsvereinigung. Bergwanderwege sind ohne größere Anreisen im Bregenzerwald und im Appenzeller-Land überall gut markiert zu finden, mit jedem Steigungsgrad bis zu Klettertouren mit Bergführern. Selbst eine Wandernadel kann dabei erworben werden (in Brand/V).

Drei große Fernwanderwege führen über den Bodensee: der europäische Fernwanderweg Nr. 1: Flensburg – Schwarzwald – Konstanz – Schweiz; der europäische Fernwanderweg Nr. 4: Biskaya (Pyrenäen) – Bodensee – Wienerwald und Nr. 5: Konstanz – Romanshorn – Bregenz – Reschenpaß – Südtirol – Venedig.
Bequemer sind Kunstwanderungen, wie sie in Überlingen durchgeführt werden. Für Wanderer hat Überlingen noch eine weitere Attraktion: Wanderwege nach Leistungsfähigkeit oder Lust, mit Tiersymbolen beschildert: Eichhörnchen, Fuchs, Igel, Marder, Reh, Wildschwein usw. Der Igelweg z. B. ist einen Kilometer lang, der Pfad des Rehs zweieinhalb Kilometer.
Für die, die nicht gern allein gehen, oder die ihre Ausdauer mit anderen messen wollen, werden internationale Bodensee-Wanderungen durchgeführt – zum Beispiel: 100 km in drei Tagen. Es beteiligen sich keineswegs nur Bewohner der Anliegerstaaten. Holland, Dänemark, England und Belgien stellten bisher ein höheres Kontingent als Deutschland oder Österreich. Offensichtlich gibt es genügend Autofahrer, die gleichzeitig gerne wandern.
Diese Tatsache berücksichtigt eine neue Einrichtung, die in Zusammenarbeit mit den örtlichen Verkehrsvereinen, Gemeinden und Landkreisen entstanden ist: Wander-Parkplätze. Von den 150 Plätzen, die eine Prospekt-Landkarte (mit eingezeichneten Parkplätzen) für Oberschwaben, Allgäu, Bodensee und Hegau nachweist, liegt über ein Drittel in unmittelbarem Bodenseebereich.
Die Plätze sind so gewählt, daß sie Ausgangs- und Endpunkt verschiedener, markierter Wanderungen bilden. Orientierungstafeln am Parkplatz bieten meist eine reiche Auswahl.
Für den, der noch ein übriges tun will, entstehen jetzt überall sogenannte Vita-Parcours. Von diesen immer populärer werdenden Fitness-Anlagen hat Vorarlberg sechs gleichzeitig eingerichtet. Im Gebiet von Konstanz, Thurgau und Schaffhausen sind 39 grenzüberschreitende Wanderwege geschaffen worden, auf denen unbehelligt die

Grenze überschritten werden darf. (Personalausweis ist mitzuführen. Es darf natürlich nichts zu Verzollendes mitgeführt werden.)
In Appenzell und in Überlingen kann man auch geologische Wanderungen mitmachen. Einige Orte bieten Waldlehrpfade. Alle Aussichtspunkte aufzuzählen führt zu weit, schließlich kann man jeden Berg oder Kirchturm so bezeichnen. Wenn hier ein paar genannt werden, dann können es nur die markantesten sein: Der Hohentwiel, der Haldenhof über Sipplingen/Ludwigshafen, die Schloßterrasse Heiligenberg, das Hochhauscafé in Friedrichshafen, der Pfänder und der Gebhardsberg bei Bregenz/V, der Fünfländerblick bei Heiden/AR, die Terrasse der »Kirchenburg« Buchen-Staad/SG, der Münsterturm in Konstanz, Schloß Arenenberg/TG, Burg Hohenklingen über Stein am Rhein/SH, der Hohberg bei Immenstaad, schließlich der Mettnauturm bei Radolfzell und der Wasserturm in Konstanz-Staad. Der höchstgelegene Aussichtspunkt, der Säntis, man nennt ihn auch den »Fuji-jama«, den »heiligen Berg« des Bodenseegebiets, ist nicht nur Wetteranzeiger und erstrebenswertes Ziel von Bergsteigern. Weniger Sportliche, die nur die Aussicht genießen wollen, erreichen dieses Ziel mit der Bergbahn von der Schwägalp aus in 10 Minuten (von 1356 m auf 2501 m).
Nicht jeder liebt es, eine vorgeschriebene Strecke mit einem bestimmten Ziel erreichen zu müssen. Es gibt auch viele zwanglosere Möglichkeiten. Viele solcher Ziele sind schon in diesem Buch beschrieben.

■ *Kleine Wandervorschläge*

Ein Vormittag auf der Mainau. (Siehe: »Isola bella exterritorial«.)
Ein Nachmittag auf der Reichenau. (Siehe: »Schule der Nation«, 1. Band.)
Fahrt nach Mannenbach/TG und Spaziergang nach Arenenberg/TG. (Siehe: »Arenenberg und die Bonapartisten« Band 1.)
Fahrt nach Salem und Spaziergang nach Heiligenberg. (Siehe: »Gotische Münster und Rathäuser«, 1. Band.)
Wanderung zu den Heidenhöhlen und zur Gletschermühle (mit Kaffeetrinken). (Siehe: »Heidenhöhlen, Gletschermühle und Tobel« 1. Band.)
Kaffeetrinken auf dem Haldenhof.
Fahrt nach Sipplingen und Spaziergang in den Hödinger Tobel.
Fahrt nach Singen und Besteigung des Hohentwiel (man kann stundenlang in den Ruinen herumkraxeln). (Siehe: »Des Herrgotts Kegelspiel« 1. Band.)
Fahrt nach Radolfzell, Spaziergang auf die Mettnau mit einem Besuch des Scheffelschlößchens. (Siehe: »Naturschutz – Landschaftsschutz – Naturdenkmale«.)
Spaziergang von Bodman nach Schloß Frauenberg oder mit Kindern hinüber nach Dingelsdorf ins »Reich Robinsons«. (Siehe: »Königlicher Kurort« 1. Band.)
Ein etwas anstrengenderer Spaziergang von Sipplingen hinauf zum Wasserreservoir, aus dem 100 Orte Württembergs gespeist werden.
Von Aach aus den kleinen Spaziergang zur »Aachquelle«. (Siehe: »Rhein und Donau fließen in den Bodensee«.)
Fahrt nach Dornbirn, Wanderung zur Rappenlochschlucht und von dort den Pfad um den Staufensee zur Alplochschlucht.
Besuch der Naturschutzgebiete und Vogelreservate.
Wem es nur aufs »Laufen« ankommt, bietet jede Ortsbesichtigung Gelegenheit genug.

Sonne, Wasser und Wind

Die das Wasser selbst lieben, lieben es bedingungslos. Es sind »Wasserratten«, »Segelfans«, »Bootsträumer«, »Sonnenanbeter« oder wie man sie nun nennen will. Die Weite des Sees, die schimmernde Wasserfläche lockt. Sie wollen sich hinaustragen lassen, sie wollen auf dem Bodensee treiben und Anker werfen, wo es am schönsten ist, wo es ihnen gefällt. Das Spiel der Wellen bedeutet ihnen Genuß; Schwimmen, die Kraft des Windes in ihren Segeln oder die harte Furche, die die Bootsschraube ins Wasser gräbt, erhöht ihr Lebensgefühl.

Anderen genügt es, auf einer Fähre, einem Dampfer über den See zu fahren. Die Besitzer der 16 000 auf dem Bodensee registrierten Schiffe und Boote wohnen nicht alle am See, und sie frönen ganz unterschiedlichen Wasservergnügungen.

Zu den registrierten Booten kommen die Gäste. Kreßbronn zum Beispiel besitzt einen Sporthafen, der allein 400 Gäste aufnehmen kann. Man schätzt, daß sich im Laufe eines Sommers am Bodensee-Regatta-Gesamtprogramm über 20 000 Segelboote beteiligen. Zu fast jedem Fest am See gehört eine Regatta.

Aber außer den Bootsbesitzern, Seglern und Jachtklubmitgliedern nutzen natürlich viele Urlauber die Ferien dazu, Segeln zu lernen, Motorbootprüfung zu machen, das Schifferpatent zu erwerben, Wasserski zu fahren oder zu lernen, ja auch zu tauchen. Zwei Dutzend Segelschulen am See und fast ebenso viele Segelbootverleiher, ein Dutzend Motorbootschulen, acht Wasserskischulen und drei Wasserskiverleiher bieten viele Möglichkeiten. Getaucht wird hauptsächlich im Überlinger See, im Bereich des »Teufelstischs«. Die bekannten Singener Froschmänner, die die Aachquelle erkundeten, haben eine Taucherschule gegründet.

Die Frage nach den Kosten und der Dauer all dieser Kurse läßt sich nicht eindeutig beantworten. Sowenig man heute sagen kann, wie viele Fahrstunden benötigt werden, um den Autoführerschein zu erhalten, sowenig läßt es sich auf dem Wasser voraussagen. Wenn man behauptet, in 14 Tagen sei in einem Segelurlaub der Jollenschein zu machen, so wird der alte Kapitän dagegen bestätigen, daß man bei geeigneten Windverhältnissen in zwei Tagen mehr lernen kann als in 14 Tagen bei Flaute.

Motorboote werden seltener verliehen, doch auch da bieten sich mehr Möglichkeiten, als es zuerst den Anschein hat.

Fast jeder Ferienort bemüht sich, seinen Sportbootshafen auszubauen, damit er mehr Gäste aufnehmen kann. Für segelbegeisterte Anfänger bietet man an 26 Bodenseeorten in Deutschland und der Schweiz Pauschalurlaube mit Unterricht an.

Wer sich ernsthaft mit dem Wassersport beschäftigen will, kommt um die Vorschriften für Wassersportler am Bodensee nicht herum. Die wichtigsten betreffen die Motorboote. Sie müssen 200 m vom Ufer entfernt bleiben und dürfen zu Hafenfahrten nicht mehr als 10 km/h Geschwindigkeit haben. Badeplätze müssen von Booten aller Art in genügendem Abstand umfahren werden. Ferner ist für Boote mit Motoren von 6 PS aufwärts ein Schifferpatent notwendig, das mitzuführen ist. Die Zollvorschriften aber werden von Jahr zu Jahr einfacher.

Jeder Ort am See besitzt sein Schwimmbad, und darüber hinaus haben mehr als ein Dutzend Orte am See auch ein Hallenbad gebaut. Man will den Kurgästen witterungsunabhängiges Schwimmen ermöglichen, die großen Hotels können nicht nachstehen. Manche Strandbäder wie das in Bregenz/V heizen ihre Becken. Schwimmenden Schwimmbädern im See mit Warmwasseraufbereitungsanlage scheint die Zukunft zu gehören.

Die Sportschwimmer interessiert aber anderes, zum Beispiel, daß eine 21jährige Schwimmerin aus Rorschach/SG die 14 km lange Strecke bis Langenargen in knapp acht Stunden durchschwommen hat. Die Sportschwimmerei am See ist noch nicht alt, genaugenommen wurde am Bodensee damit erstmals 1919 offiziell als sportliche Disziplin begonnen. 17 Jahre vorher, 1902, fand das erste große Schwimmfest anläßlich der Jubiläumsfeierlichkeiten für Großherzog Friedrich I. von Baden in Konstanz statt. Damals hatte man mit der Badehose Schwierigkeiten. Der großherzoglich-badische Bezirksamtmann begutachtete bei der Hauptprobe die Bekleidung und verbot öffentliches Auftreten in der Badehose allein. Über der Badehose war Turnkleidung zu tragen, und zum Turnhemd mit Beinverschluß war über der Turnkleidung die Badehose zu tragen. Der gute Mann würde sich heute wundern!

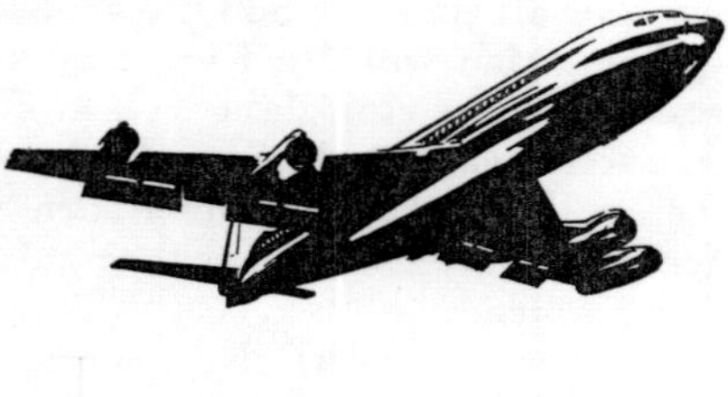

Über den See fliegen

Der Bodensee lockt auch zu Rundflügen, langen, kurzen, über den Obersee, den Untersee und Alpenflüge.
Man kann auch an den See fliegen. Der Züricher Flughafen Kloten/ZH liegt vor der Tür, jedenfalls vom Bodensee nicht weiter weg als Schiphol von Amsterdam. Neue Bahnlinien sollen die Anfahrt verbessern.
Interessanter als Geflogenwerden ist für manchen: Selberfliegen. Am Bodensee kann man seine Ferien dazu nutzen, seinen Pilotenschein zu erwerben.
Möglichkeiten dazu gibt es auf der Nordseite des Sees nur in Friedrichshafen (und im entfernten Leutkirch), auf der Südseite aber in den Orten: Konstanz, Lommis/TG, Sitterdorf/TG, Schänis/SG und Altenrhein/SG. In Schänis/SG kann nur Segelflugunterricht genommen werden. Sitterdorf/TG besitzt eine Fallschirmspringerschule. Der Flughafen Konstanz liegt so eingezwängt zwischen See, Ried und Industriebetrieben, daß keine Erweiterungsmöglichkeit mehr besteht, die Gewerbliche Motorflugschule auf diesem Platz wird deshalb bei seiner Verlegung in ein Gebiet bei Singen mit umziehen müssen.
Die größten Maschinen kann Friedrichshafen mit der fast 2 km langen Betonpiste aufnehmen. Man ist bestrebt, sie zu verstärken, damit auch große Vögel starten und landen können. Friedrichshafen zählt im Jahr rund 30 000 Starts und Landungen. Auf diesen Flughafen konzentriert sich jetzt das Interesse der Deutschen und Vorarlberger am Bodensee. Man möchte ihn zum Verkehrsflughafen ausbauen, falls man das Konstanzer Umlegungsprojekt wegen Mangel an geeigneten Plätzen aufgeben muß.
In Konstanz kann man außer dem Privatpilotenschein auch den Kunstflugschein machen. Für den Pilotenschein aber genügen im allgemeinen 30 Flugstunden, die in einem dreiwöchigen Urlaub gut untergebracht werden können, ohne daß auf Schwimmen und Sonnenbaden verzichtet werden muß.

Allerdings ist so ein Schein nicht ganz billig; mit 4000 bis 5000 DM muß man schon rechnen, gleichgültig ob er im Rahmen eines Klubs oder, wie in Konstanz, in einer gewerblichen Schule abgelegt wird. Altenrhein/SG hat sich für die, die noch nicht ganz sicher sind, ob sie selbst fliegen wollen, etwas Neues einfallen lassen: den »Schnupperkurs«. Hier kann man in den Flugbetrieb hineinriechen ohne die sonst notwendigen Formalitäten und ohne den Entschluß, so viel Geld auf einmal auszugeben. Man kann sich selbst testen, ob man Fliegen in einem Sportflugzeug verträgt und ob man Spaß daran findet. Wer Lust zum Fliegen hat, absolviert in Altenrhein 20 Flüge an der Seite eines Fluglehrers, Kosten etwa 200 DM. Die Gesamtzahl der dabei zurückgelegten 114 Flugminuten werden auf die 30 Stunden des Pilotenscheins angerechnet, wenn man nach dem »Schnuppern« doch Lust verspürt, sich die Fliegerei als neues Hobby zuzulegen.
Vom Schnupperkurs darf man als Erinnerung ein »Carnet de Vol à Moteur – Motorflugbuch« mitnehmen, in dem die Flüge eingetragen sind.
Seit Zeppelin und Dornier ist Fliegen am Bodensee Tradition. Hier werden nicht nur Flugzeuge gebaut, hier wohnen auch Flugbegeisterte, die sich in Motorsportgruppen und Segelfliegervereinen (Heiligenberg, Markdorf) zusammengeschlossen haben, auch einige Privatflugplätze (Lindau, Pfullendorf, Hohenems/V) werden unterhalten (»Schiffe und fliegende Schiffe«).

Urlaub im Sattel

Gleichgültig, ob man reiten will oder es lernen möchte, am Bodensee bieten sich zu beidem zwei Dutzend Möglichkeiten. Araber, Holsteiner, Shetland-Ponys, ja selbst Camargue-Pferde stehen zur Verfügung. Vorarlberg allein besitzt am See zehn Reitanlagen. Wer eine große Auswahl sucht, bleibt am besten in Lindau oder auf dem Argenhof bei Wangen/Allgäu; wer Camargue-Pferde bevorzugt, muß nach Bodman gehen. Fast 20 Trakehner leben in Radolfzell. Für die Pony-Freunde halten Überlingen im Pony-Hof und der »Jippie Jud« in Romanshorn/TG eine Auswahl bereit.

Anfänger können reiten lernen, Fortgeschrittene ihre Kenntnisse verbessern, selbst Longe-Dressur- und Springstunden kann man nehmen.

Ausritte und Wagenfahrten werden für Gruppen eintägig oder zweitägig durchgeführt. Kutschfahrten oder Ausritte über mehrere Tage offeriert auch Feldkirch/V. Für »Ferien im Sattel« wirbt eine im großen Naturpark gelegene Reitschule mit Pauschalaufenthalten, in denen zehn Reitstunden pro sieben Tage inbegriffen sind. In Konstanz werden Gastpferde verliehen. Ein Hotel auf der Höri besitzt mit einer Reithalle von 20 mal 60 m und 20 Pferden die derzeit beste Reitmöglichkeit dieser Art im süddeutschen Raum. Besonders beliebt sind hier Kutschieren und »Honeymoon«-Fahrten in der weißen Hochzeitskutsche.

Seit 1972 sind auch die Zollbehörden den Reitern entgegengekommen. Für sie gilt die gleiche Regelung wie für Bootsfahrer. Mit einem einmaligen halbjährlichen Erlaubnisschein ist es Reit- und Zugpferden gestattet, auch außerhalb der zugelassenen Übergangsstellen ein- und auszureiten.

Das größte Ereignis aber führt die »Rösseler« – so nennt man »Pferdenarren« in der Nordostschweiz – nach St. Gallen/SG. Bei den internationalen Pferdesporttagen, alle ungeraden Jahre im August, treffen sich die Schweizer

Elite und internationale Prominenz. Die Damen messen sich im Springen für Amazonen. Der Preis der Stadt St. Gallen und ein glänzendes Rahmenprogramm lassen dieses »Treffen der Weltmeister und besten Amazonen« zum gesellschaftlichen Ereignis St. Gallens im Sommer werden. Man rechnet jeweils mit 30 000 Besuchern, die den Darbietungen auf dem Reitgelände Breitfeld im Westen der Stadt begeistert folgen. Im Rahmen dieser Veranstaltung erfreut sich ein Fahrkorso bei den Zuschauern großer Beliebtheit. Der Manager dieses Korsos, Robert Sallmann, hat sich in Amriswil/TG ein Pferdewagenmuseum eingerichtet.

Insel Mainau, inmitten von Blumen und Exoten die Schloßkirche. Sie wurde von G. G. Bagnato 1739–1746 zusammen mit dem Schloß anstelle des mittelalterlichen Klosters des Deutschritterordens erbaut. (Foto: Gräfl. Bernadottesche Mainauhauptverwaltung, Insel Mainau)

Radolfzell, das Münster (1436 begonnen) und das Österreicher-Schlößchen, 1626 als Residenz für Erzherzog Leopold Wilhelm erbaut.

■ *Reitgelegenheiten*

Amriswil/TG, Arbon/TG, Bodman (Camargue-Pferde), Bregenz/V, Dornbirn/V (Reithalle), Feldkirch/V, Friedrichshafen, St. Gallen/SG, Heiligenberg (Hannoveraner), Hemmenhofen (Reithalle), Höchst/V, Konstanz (Gästepferde), Lindau (Araber, Hannoveraner, Holsteiner, Trakehner), Lochau/V, Mäder/V (Reithalle), Markdorf, Müselbach/SG (»Rössli«-Fahrten), Radolfzell (18 Trakehner), Ravensburg (zwei Reitschulen), Romanshorn/TG (Reiterhotel Rössli in Riedern), Schaffhausen/SH, Singen, Stockach, Überlingen (Reitverein und Pony-Hof), Wangen/Allgäu (Argenhof), Weingarten.

Hobby-Urlaub

Von einer ganzen Reihe von Hobbys, denen man am Bodensee frönen kann, wurde schon gesprochen, Hobbys, die man auch zu Hause betreibt oder die man sich erst im Urlaub zulegt oder zu denen man in den Urlaubstagen ausgiebig Zeit hat.

Zum Segeln, Wandern, Schwimmen, Reiten hat man selten so ausgedehnte und ideale Möglichkeiten wie am Bodensee.

Am See hat man sich zusätzlich noch eine ganze Reihe Beschäftigungsarten einfallen lassen.

Der internationale Bodensee-Verkehrsverein sagt treffend: »Ein See, drei Länder, 1000 Möglichkeiten.« Die Möglichkeiten reichen von den üblichen Sport- und Hobby-Arten wie Tennis, Bergwandern, Kleinkaliberschießen, Schachspielen, Kegeln, Golf usw. bis zu ausgefalleneren Möglichkeiten wie Gartenarbeit, Schmetterlingssammeln, Malen, Zeichnen, Schnitzen, Joga, Judo, Sprachenlernen, Fallschirmspringen, Drachenflug. Man kann hier nicht nur seinem Hobby frönen, es gibt fast für jede Disziplin Kurse für Anfänger und Fortgeschrittene, die es ermöglichen, sich einer neuen Freizeitbeschäftigung zu widmen.

Die Kurverwaltung Überlingen bietet Ferienkurse für Gartenarbeit, in Überlingen und St. Gallen/SG kann man Kurse für Schönheitspflege absolvieren, fünf Orte am See bieten Yogakurse an, vier andere Judokurse. Sprachkurse werden besonders in den Schweizer Städten angeboten: St. Gallen/SG und Schaffhausen/SH vermitteln sieben Sprachen (Deutsch, Italienisch, Englisch, Russisch, Französisch, Spanisch und Griechisch). Wer malen lernen oder sich weiterbilden will, weil er sich durch die Landschaft angeregt fühlt, dem stehen rund um den See in allen drei Staaten erfahrene Künstler als Lehrer zur Verfügung.

Neben dem Überlinger Kurs ist besonders der Appenzeller (Teufen) beliebt. Dort lernt man in verschiedenen Techniken Bauernschränke bemalen.

Aus Vorarlberg kann man sich selbstgeschnitzte Souvenirs mitbringen, in St. Gallen/SG Fallschirmspringen lernen und sich in Bregenz/V am Drachenflug beteiligen.
Es bestehen acht bis zu 20 km lange Waldlehrpfade. In fünf Orten spielt man Boccia, und der Fahrradverleih ist nach zaghaften Anfängen eine beliebte Einrichtung geworden (in 16 Uferorten). Ebenso verbreitet sind Ferienfahrschulen. Es macht sicher mehr Spaß, im Urlaub ausgeruht zu lernen, als nach des Tages Arbeit oder am Wochenende immer noch eine Stunde zu absolvieren. Außerdem läuft man nicht Gefahr, ausgerechnet dann einem Bekannten zu begegnen, wenn man sich gerade nicht sehr geschickt angestellt hat.
Wie wäre es mit der aktiven Teilnahme an Musikproben einer Trachtenkapelle? Von Trompete bis Zither ist jedes Instrument willkommen. Musikalische können innerhalb einer Woche – bei mindestens einer Stunde Übung pro Tag – Alphornblasen lernen.
Mitarbeit auf einem Bauernhof und Anleitung zu landwirtschaftlichen Arbeiten im Bregenzerwald lockt mehr Menschen, als man allgemein glaubt.
In Schaffhausen/SH hat ein begeisterter Hobby-Astronom eine Volkssternwarte aufgebaut. Er stellt seinen Parabolspiegel mit allen Finessen und 360facher Vergrößerung an jedem Dienstag-, Donnerstag- und Sonntagabend zur Verfügung.

Es singt und klingt am Bodensee

Dichter und Literaten haben schon oft die Bodenseelandschaft mit Musik verglichen. Die barocken Schöpfungen regten sie dazu ebenso an wie der See, die Wolken und der Himmel.

Nicht wenig haben zu diesem Bild die Barockorgeln beigetragen. Die Orgel ist seit dem 9. Jahrhundert – die Reichenau und St. Gallen besaßen Wasserorgeln – am See heimisch. Im Barock aber erlebte sie ihre eigentliche Blütezeit, so sehr, daß man Barock, See und Orgel als Einheit empfindet.

Eine ganze Reihe dieser virtuosen Schöpfungen sind noch erhalten, zwar inzwischen restauriert und oft auch wesentlich erweitert, aber diese Mühe beweist, wie sehr man am See Orgelmusik pflegt. Aus der Vielzahl seien drei besonders herausgehoben: Die Riesenorgel im Weingartener Münster von dem Ochsenhausener Orgelbauer Josef Gabler. Von ihr sagt man, sie habe 6666 Pfeifen; in Wirklichkeit sind es 7041 (84 Register). Die kleinste Orgel besitzt die Kirche von Sitzberg/TG. G. F. Schmahl aus Ulm hat sie geschaffen. Sie zählt zu den berühmtesten der Schweiz.

Als drittes aber sei auf die Bergöntzle-Orgeln hingewiesen. Joseph Bergöntzle war ein Dubois-Schüler. Und der Straßburger Louis Dubois war der ewige Silbermann-Konkurrent. Die Napoleonischen Kriege hatten Bergöntzle zuerst nach Einsiedeln/SZ und später nach Vorarlberg verschlagen, und hier baute er eine ganze Reihe bekannter Orgeln wie die für die Pfarrkirche in Au/V. Erhalten blieben von seinen vielen Werken nur die Orgel in Bludenz/V im Walgau und die in Bartholomäberg/V.

In jüngster Zeit sind einige Orgeln hinzugekommen. So hat das Marienmünster in Mittelzell eine neue Orgel von Klais bekommen. Die Buchauer Stiftskirche erhielt eine von Glatter-Götz aus Vorarlberg, die renovierte Pfarrkirche St. Kolumban in Rorschach/SG ein neues Werk von den St. Gallern Knöpfli und Burkart.

St. Gallen/SG bekam zur barocken Chororgel eine neue große Münsterorgel. Die Konstanzer stammt aus den fünfziger Jahren unseres Jahrhunderts.
Kostbare Orgeln sind für Virtuosen bestimmt, bekannte Organisten ziehen am Bodensee die Register. So sind alle Voraussetzungen für gute Orgelkonzerte gegeben. Sie finden überall statt, ob auf alter oder neuer Orgel, in Birnau und St. Gallen/SG, im Konstanzer Münster, auf der Reichenau, in Weingarten oder Überlingen. Etwas von der Güte dieser Orgeln und ihren berühmten Organisten wird deutlich, wenn man erfährt, daß von all diesen Orgeln Schallplatten aufgenommen wurden.
Eine Besonderheit soll in diesem Zusammenhang nicht vergessen werden, das »Carillon-Glockenspiel« in Hofen-Libingen/SG.
In der Schweiz gibt es zwar viele kleine Glockenspiele (bis zu fünf Glocken und automatisch, aber nicht als Instrument und musikalische Kunstgattung. Eine einzige Ausnahme mit 19 Glocken steht in Pully bei Lausanne. Sie wird von Pfarrer Vernet, dem Erforscher der »Carillons du Valais« gespielt.
Walter Meierhans, ein Züricher Kaufmann, Uhrwerksbastler, Orgelspieler und Glockenliebhaber, ging in Holland, dem klassischen Land des Glockenspiels, in die Glockenspielschule und ließ sich dann 38 Carillonglocken und eine 3628 kg schwere »Gloriosa« gießen und baute im eigens dazu errichteten »Albert-Schweitzer-Gedächtnisturm« zwischen Hofen und Libingen sein Glockenspiel zusammen. Die Glocken sind auf elektronischem Weg auf eine Tongenauigkeit eines Tausendstels des Halbtons eingestimmt.
Meierhans spielt belgische, holländische und deutsche Originalkompositionen für Glockenspiel zum Teil von berühmten Komponisten wie Händel und Mozart.
Täglich um die Mittagszeit wird der Spieltisch über ein Lochband gesteuert. Am Wochenende spielt Walter Meierhans fast immer persönlich; eine mühselige Arbeit, denn gespielt wird mit den Fäusten und mit viel Kraft.

Musik am Bodensee beschränkt sich aber nicht auf Orgel- und Glockenspiel. Vom Konzert bis zum Liederabend, sommers und winters klingt es und singt es am Bodensee. Konstanz hat ein Bodensee-Symphonieorchester, Überlingen veranstaltet Meisterkonzerte, Meersburg Schloßkonzerte, Konstanz Serenaden im Rathaushof.

St. Gallen/SG besitzt zwei bekannte Orchester, einen Bodensee-Madrigalchor, »Internationale Musiktage« bietet Konstanz, Kurkonzerte Lindau, »Bach-Wochen« Schaffhausen/SH, Sommerkonzerte Langenargen, Geistliche Musik die Birnau, »Internationale Meister-Kurse« (mit Erika Köth) Vaduz/FL im Geburtshaus des Komponisten Josef Gabriel Rheinberger (heute Liechtensteinische Musikschule).

Wer einen »Musikurlaub« verbringen will, dem bietet Vorarlberg 81 Möglichkeiten zur eigenen Beteiligung an Kapellen.

Für ein breites Publikum bestimmt sind die Hafenkonzerte, ähnlich denen aus Hamburg. Sie sollen den Rundfunkhörern die Heiterkeit eines Morgens am Bodensee vermitteln.

»Österreich-Regional«, »Schweizer-Radio«, Studio Freiburg und Studio Tübingen haben diesen »Gruß vom Bodensee« schon 15 Jahre lang übertragen. Man reiste dazu rings um den See, von Lindau bis Stein am Rhein/SH.

Die musikalische Tradition ist so alt wie die Reichenau und St. Gallen. Viele Bischöfe von Konstanz pflegten die Kirchenmusik. Der bekannteste Musikliebhaber unter den geistlichen Herren war Reichsabt Anselm II. von Salem. Er knüpfte am Wiener Hof Beziehungen zu Gluck und Händel.

Wo man musiziert, sind auch Musiker beheimatet.

Seine Geburtstadt Ravensburg besitzt eine Gedenkstätte für Kammersänger Karl Erb (1877–1958). Er war *der* Palestrina-Sänger der zwanziger Jahre. Emil Fey, der Pianist und Komponist, lebte bis 1946 am Bodensee. Der Komponist Heinrich Kaminski wurde in Tiengen geboren. Kammersängerin Anneliese Rothenberger hat sich in Salenstein/TG niedergelassen, und der Schweizerin Lisa della

Casa gehört das Schloß in Gottlieben/TG. Das Künstlerdorf am Schweizer Ufer, Uttwil/TG, wurde auch dem Dirigenten Ferenc Fricsay zweite Heimat.
Typisch für die Seeregion kann die Appenzeller Volksmusik gelten. Sie repräsentiert ein originelles Schweizer Volkstum. Die Zither, das »Hackbrett«, sind genauso bekannt wie das Alphorn als alpenländisches Instrument. Volkstanz und »Jodelchörli« gehören zum festen Bestand innerrhodischer Folklore.
(Siehe auch: »Hermann der Lahme«, 1. Band, Seite 40, und »Die Blütezeit St. Gallens – Die Musik«, 1. Band, Seite 50.)

Die eigenartig geformten Pfeifen einer Gabler-Orgel sind die »Vox humana«, die menschliche Stimme, die der Meister nachahmte.

1520 Hans *Schentzer,* Stukgau, Domorgel für das Münster Konstanz.

1675 Jakob *Messmer* schuf die Orgel des Augustiner-Chorherrnstifts Kreuzlingen/TG. Das alte Gehäuse von Johannes Raindl (1762) blieb trotz Brand von 1963 durch Verkauf (1954) und Rückkauf (1964) erhalten. Neue Orgelwerke: Neidhart und Lhot, St. Martin/NE (= Chororgel), und Rieger, Schwarzach/V (= Hauptorgel).

1691 *Abberederis* aus Rankweil/V, Orgel von Tischingen/TG, 1751–1761 von Aichgasser, Überlingen, umgestaltet.

1711 Christoph *Leu* aus Augsburg, Orgel von Rheinau/AG.

1741 Johann Jakob *Bommer* aus dem Thurgau hat die Orgel für das Kloster Katharinenthal/TG geschaffen (1736–1741). 1969 wurde die Orgel grundlegend restauriert.

1750 Wendelin (1720–1790) und Josef *Looser* sind die Meister der sogenannten »Toggenburger Orgeln«, meist Hausorgeln.

1750 Josef *Gabler* (1700 Ochsenhausen – 1771 Bregenz), Münsterorgel für Weingarten, sein Hauptwerk (6666 Pfeifen). Zu seinen bekanntesten zählen die Orgeln in Ochsenhausen von 1751 (= 3333 Pfeifen), Zwiefalten (1999 Pfeifen), Maria-Steinbach (1111 Pfeifen).

1750 Karl Josef *Riepp,* Orgel für die Abteikirche Ottobeuren.

1760 Johann Nepomuk *Holzhay* (Schüler von K. J. Riepp), Orgel für die Klosterkirche Obermarchtal.

1760 Joseph *Bergöntzle,* Orgel für Au im Bregenzerwald.

1766 Victor Ferdinand *Bossart,* St. Galler Chororgel, heute der modernen großen Domorgel angegliedert.

1766 Martin *Riepp* aus Ottobeuren, »einer der bedeutendsten barocken Orgelbauer Europas«, die Orgel für das Münster in Salem.
Die dritte Orgel für Überlingen (erste 1504 von Matthä Affolder, zweite schon 1548 von Georg Eckart aus Ravensburg) lieferte Riepp aus Dijon/F. 1968 von Schwarz und Mönch, Überlingen, durch moderne Orgel ersetzt.

1773 G. F. *Schmahl,* Ulm, Orgel für die kleine Kirche von Sitzberg/TG, eine der berühmtesten Orgeln der Schweiz.

1780 Johann Nepomuk *Holzhay,* Orgel der Prämonstratenser-Abteikirche Weissenau. 1950/51 unter Dr. Walter Supper restauriert.

1790 Orgel der Mainauer Schloßkirche, 1966 von Mühleisen restauriert.

1950 Die Schloßkirche in Friedrichshafen besaß eine Gabler-Orgel. Nach der Zerstörung im letzten Krieg schuf Friedrich *Weigle,* Echterdingen, eine neue Orgel.

1955 H. G. *Klais,* Konstanzer Münsterorgel, Orgelprospekt aus der Renaissance, dem einzigen aus dieser Zeit erhaltenen in Deutschland. Nach der Weingartner die größte Orgel im Bodenseeraum.

1965 Walter *Meierhans* schuf das Carillon-Glockenspiel im Albert-Schweitzer-Turm zu Hofen-Libingen/SG im Toggenburg.

1965–1970 *Knöpfli* und *Burkard,* St. Gallen/SG, eine Orgel für St. Kolumban in Rorschach/SG.
Böhringer, Stuttgart, und *Glatter-Götz,* Vorarlberg, eine Orgel für die Stiftskirche Buchau.

1967 H. G. *Klais,* eine neue Orgel für das Marienmünster in Mittelzell, Reichenau.

1968 Firma *Kuhn,* Münnedorf/ZH, große St. Galler Domorgel.

Theater im und am See

Bei Theater am Bodensee denkt man gemeinhin an die Bregenzer Festspiele und den modernen Theaterneubau in St. Gallen/SG. Drei Städte unterhalten feste Theaterensembles: Bregenz/V, St. Gallen/SG und Konstanz. Andere Orte besitzen zwar feste Theater, wie Lindau, bestreiten ihre Vorstellungen aber mit Gastspielen. Das modernste Haus baute St. Gallen/SG, ein Theater, das allen Anforderungen genügt. Das älteste dagegen ist zweifelsohne das Konstanzer; denn es gilt als ältestes Theater Deutschlands (früher Jesuitengymnasium). Unabhängig vom Haus spielt man in Bregenz auch mitten im Wasser. Die Bregenzer Festspiele errangen inzwischen ihren festen Platz im Sommerprogramm des Bodensees. Der Reiz des Sees, die Bühne im Wasser, immer besonders dafür geeignete Operetten locken seit 25 Jahren alljährlich Tausende von Besuchern an. Vielleicht ist es auch bei den Schauspielern die Freude am See, daß sie sich gerne für einige Zeit hierher verpflichten lassen, vielleicht liegt es auch an der Geschicklichkeit der Intendanten. Sicher ist jedenfalls, daß man nicht nur Gastspiele, sondern auch Schauspieler, vor allem für die Sommersaison, leicht an den See verpflichten kann.

Solche Gastspiele bieten gelegentlich: Friedrichshafen, Lindau, Radolfzell, Ravensburg, Singen, Überlingen, Schaffhausen/SH, Dornbirn/V und Feldkirch/V.

Was man hier spielt? Gutes Theater, Operetten, Opern, wie sonst nur in Großstädten, tollkühne Stücke verträgt die linde Luft des Sees aber nicht. Hier werden die Wogen geglättet. Man spielt viele moderne Autoren, aber keine aggressiven. Wer den Bodenseeterminkalender durchsieht, wird fast in jedem größeren Ort Theater und auch Operetten angekündigt finden. Es steht zwar nicht überall ein kompletter Theaterbau zur Verfügung, aber ein Theatersaal für Gastspiele ist allerorts vorhanden.

Was auch sonst nicht immer von Erfolg gekrönt ist, am

Bodensee war es immer ein Mißerfolg: das Austauschtheater. Nichts liegt für die Theaterdirektoren näher, als mit ihrem Ensemble mit den Nachbartheatern auszutauschen. Kosten werden gespart und das Programm bereichert – meinen die Direktoren. Das Publikum aber hat zu all diesen wiederholten Versuchen immer wieder »nein« gesagt. Die Säle blieben leer. Das ist durchaus verständlich. Man kennt seine Schauspieler, man freut sich über deren Wandlungsfähigkeit, man ist so etwas wie eine Gemeinschaft. Das Gastspiel lockt Neugierige, dem Austauschspiel aber fehlt dieser Reiz.
St. Gallen/SG hat einen anderen Weg beschritten, der sicher die anspricht, die eine gewisse Anreise haben und allein durch den Gedanken, nach der Vorstellung noch nach Hause fahren zu müssen, bisher vom Besuch abgehalten wurden. Man bietet den Freunden der »Stadt zwischen See und Bergen« ein »Theater-Weekend« zum Pauschalpreis. Die Pauschale umfaßt den Besuch einer Theatervorstellung, Abendessen, Übernachtung und Frühstück. Hier wird der Sprung vom »Stadt-« zum »Regionaltheater« versucht.
Nicht vergessen darf man die Puppenbühnen, die es am See gibt. Die erfolgreichste ist die von St. Gallen/SG, sie besteht schon 15 Jahre und zählt Jahr für Jahr durchschnittlich 11 000 Besucher, das bedeutet, daß jeweils rund 90 Prozent der Plätze verkauft wurden.

Museen und der Urlaub

Das Bodenseemuseum in Friedrichshafen zählt pro Jahr 30 000 Besucher. Das deutet darauf hin, daß diese Attraktion auch Touristen anlockt: Museumsbesuch gehört offenbar zum Urlaub, aber keineswegs als Lückenbüßer für Regentage. Die Erfahrung lehrt: schönes Wetter bringt mehr Besucher.

Ob ein Museum beliebt ist, hängt von dem ab, was und wie gezeigt wird und wie leicht oder schwer es zu erreichen ist. Die meisten Heimatmuseen vermitteln einen guten Einblick in Kultur und Geschichte ihres Orts und ihrer Umgebung. Einige dienen nicht nur dem Verständnis der Landschaft, der Stadt, sondern sie sind Zeugen großartiger Leistungen des Gebietes. Ob Überlingen, Meersburg, Friedrichshafen, Lindau, Bregenz/V, St. Gallen/SG oder Konstanz, es lohnt, einige Stunden daran zu wagen. Die Museen in Überlingen und Konstanz wurden 1972 100 Jahre alt. Sie gehören damit zu den ältesten Deutschlands. Nicht immer handelt es sich um ausgesprochene Museen. Die Münsterschatzhalle in Mittelzell, der Rathaussaal in Überlingen, der Kreuzgang und die Mauritiusrotunde in Konstanz bergen Kostbarkeiten, die man nicht versäumen sollte.

Die Museen am Bodensee können auf eine alte Tradition zurückblicken. Nach dem 30jährigen Krieg entstand im Bodenseeraum eine der ältesten deutschen Gemäldesammlungen. Prior P. Gabriel Bucelin trug sie zunächst in der Weingartener Prioratskirche St. Johann in Feldkirch/V zusammen. Er besaß Gemälde von Cranach, Correggio, Dürer, Van Dyck, Holbein, Reni, Sandrart, Tizian u. a.

1696 kamen sie in das neue Priorat Hofen bei Friedrichshafen und gingen dort bei der Säkularisation verloren. Es ist die Tragik der Säkularisation, daß Spießbürger und Banausen, von Geist, Wissen und Kultur kaum Berührte, die Macht bekamen, sinnlos zu zerstören oder auszubeuten.

Die Säkularisation brachte die Vernichtung der Gemäldegalerien in St. Gallen/SG, Meersburg, Salem und Weingarten.
Die berühmte Wurzacher »Truchsessengalerie« wurde nach England verschleppt, verschleudert und vernichtet. Nicht einmal Spuren blieben übrig. Das war schon das zweite Mal, daß ohne Krieg oder Katastrophe – der Dreißigjährige Krieg hatte auch manches vernichtet – sinnlos Kunstwerke zerstört wurden.
Alte Berichte über die Verwüstungen der Reformationszeit aus Konstanz und Rorschach/SG machen erschreckend deutlich, daß damals Hunderte von Kunstwerken planlos zerschlagen wurden. Vom Götzenturm in Konstanz war schon die Rede. In Rorschach/SG trägt heute noch eine stark beschädigte Madonna eine Inschrift, die auf diesen Vandalismus hinweist.
Ein Kenner hat einmal gesagt: »Das, was heute in den Museen (aller Welt) zu sehen ist, ist nur ein verschwindender Teil des einstigen Bestandes, es ist das, was ›dem Zahn der Zeit‹, dem Wüten der Bilderstürmer, dem Unverstand der Säkularisation und der Barbarei des abbruch- und ›restaurierungs‹-freudigen 19. Jahrhundert entgangen ist.«
Es gab aber zu allen Zeiten Leute, die sich bemühten zu retten, was zu retten war.
Im 19. Jahrhundert gelang es einigen großen Sammlern, wertvolle Gemälde und Plastiken zu erwerben. So wurde die Sammlung der Brüder Sulpice und Melchior Boisserée aus Heidelberg der Grundstock der Münchner Pinakothek und die des Oberfranken Freiherr Hans von Aufseß der Grundstock zum Germanischen Nationalmuseum in Nürnberg. In beiden Sammlungen finden sich »Bodenseemeister«.
Wichtiger aber für den Bodenseeraum wurden die Bemühungen des Rottweiler Stadtpfarrers Dr. Drusch und die des Ravensburger Theologen Hirscher. Drusch hatte am Bodensee und in Oberschwaben gesammelt. Drei Sammlungen hat er geschlossen verkauft, die vierte ist in Rottweil zu besichtigen. Johann Baptist Hirscher konzentrierte

sich auf Tafelbilder des 15. und 16. Jahrhunderts im Bodenseegebiet, am Oberrhein und in Schwaben. Sie wanderten später alle in Museen, denn er brauchte Geld zur Gründung katholischer Waisenhäuser. Viele »Bodenseemeister«, die heute in der Staatlichen Kunsthalle Karlsruhe hängen, hat Hirscher dorthin verkauft.
Aber auch das Rosgartenmuseum in Konstanz kam mit Hilfe von Sammlern zu manchem wichtigen Stück, vor allem zu Handschriften.
Man erwartet von einem Heimatmuseum, daß es Erinnerungen an große Leistungen aus dem eigenen Bereich bewahrt. Wie in Konstanz oder St. Gallen/SG Handschriften und Buchmalerei zu finden sein müssen, so muß man in Überlingen Arbeiten von Feuchtmayer und Zürn zeigen können, in Friedrichshafen Erinnerungen an Zeppelin, Dornier und Maybach und in Lindau Bibeln, etwas von der Droste auf der Meersburg und von Napoleon in Arenenberg/TG. Sie sind Demonstration der Art und Größe einer Stadt, einer Landschaft und ihrer kulturellen Bedeutung.
Die Vergangenheit wird in Museen für die Gegenwart lebendig.

ALLENSBACH
Heimatmuseum im ehemaligen Torkelgebäude.

ALTSTÄTTEN/SG
Heimatmuseum. Lokalhistorische Sammlung, Möbel, Porträts, Zinn, Waffen, Keramik, Münzen, Heraldik.

ARBON/TG
Museum für Ur- und Frühgeschichte.

ARENENBERG/TG
Napoleon-Museum ob Mannenbach am Untersee. Ehemaliger Wohnsitz der Königin Hortense, Adoptivtochter Napoleons I. und Mutter Napoleons III. Wohnkultur des ersten und zweiten französischen Kaiserreiches. (Siehe: »Hortense und Arenenberg«, 1. Band.)

BIBERACH
Städtische Sammlungen (Braith-Mali-Museum) im Alten Spital, Museumstraße 6.
Heimatkundliche Abteilung: Vor- und frühgeschichtliche Sammlung, Kunsthandwerk.
Gemäldegalerie: Ernst-Ludwig-Kirchner-Kabinett, Plastiksammlung.
Geologisch-paläontologische Sammlungen.

BISCHOFSZELL/TG
Ortsmuseum in altem Patrizierhaus. Vor- und Frühgeschichte, Kunst- und Kultur vom 8. Jahrhundert bis in die Neuzeit (Reichhaltig: Zinn, Glasscheiben, Münzen).

BREGENZ/V
Vorarlberger Landesmuseum, Kornmarkt 1.
Kulturgeschichtliche Landessammlungen: Vor- und Frühgeschichte, Volkskunde, Musikinstrumente, Waffen, Plastik, Malerei und Graphik, Numismatik, Goldschmiedearbeiten.

Dingelsdorf
»Schatzinsel«, private Seefahrtausstellung.

Diessenhofen/TG
Museum im »Obern Amtshaus«, Stoffdruckmuseum und Gemäldeausstellung.

Dornbirn/V
Vorarlberger Naturschau, im Stadtzentrum.
Zoologische, botanische und geologische Abteilungen. Vorarlberger Kraftwerke, Flußregulierungen, Wildbach- und Lawinenverbauung.

Eigeltingen
Fastnachtsmuseum im Schloß Langenstein in der Mitte zwischen den Orten Eigeltingen, Orsingen und Volkertshausen (bei Stockach).

Feldkirch/V
Heimatmuseum in der Schattenburg, bedeutendste Burg Vorarlbergs, 12. Jh., malerischer Hof. Spätgotische Balkendecken, Burgkapelle, gotische Fresken.

Frauenfeld/TG
Museum des Kantons Thurgau, im Schloß. Ur- und Frühgeschichte, kirchliche Kunst, Musikinstrumente, Uhren, Keramiken, Münzen, Glasscheiben.

Friedrichshafen
Städtisches Bodensee-Museum im Rathaus.
Städtische Kunstsammlung.
Zeppelin-Abteilung, in der Welt einzigartige Sammlung.
Vorgeschichtliche Abteilung.

Heiden/AR
Henri-Dunant-Museum.

Konstanz
Rosgartenmuseum im alten Zunfthaus »Zum Rosgarten«, Rosgartenstraße 5, gotischer Zunftsaal. Kunst- und Kunst-

St. Katharinenthal/TG, Dachreiter auf einer ehemaligen Zehntscheuer des früheren Benediktinerinnenklosters. Kirche und Kloster sind ein Prunkstück des Spätbarocks, vom Bregenzerwald-Baumeister Johann Michael Beer zwischen 1715 und 1735 (Kirche) geschaffen.

Steckborn/TG, der mittelalterliche Turmhof, ein Schloß der Konstanzer Bischöfe aus dem 14. Jahrhundert, mit Ecktürmchen und Kuppelhaube aus dem 17. Jahrhundert. Heute Heimatmuseum mit Funden aus Pfahlbausiedlungen und Alemannengräbern.

handwerk, Vor- und Frühgeschichte, Münz- und Siegelsammlung, alte Drucke, Handschriften.
Bodensee-Naturmuseum, Katzgasse 5–7.
Johannes-Hus-Museum, im Hus-Haus, Hussenstraße 63.
Kunstverein Konstanz, *Wessenberghaus.*

LINDAU
Städtische Kunstsammlungen im Haus zum Cavazzen. Gemälde und Plastiken, reichsstädtische Wohnkultur, Graphik, Münzen und kunstwissenschaftliche Handbibliothek.

LICHTENSTEIG/SG
Toggenburger Heimatmuseum am Obertorplatz. Volkskunde, Geschichte.

MEERSBURG
Altes Schloß mit Wohn- und Sterbezimmer der Dichterin Annette von Droste-Hülshoff. Die älteste deutsche Burg mit erhaltenen Innenräumen.
Droste-Museum im *»Fürstenhäusle«*.
Weinbaumuseum mit ältester Torkel Deutschlands und 150 000-Liter-Türkenfaß.
Dornier-Museum im neuen Schloß, Entwicklung der Dornier-Flugboote.

RADOLFZELL
Heimatmuseum
Scheffel-Museum im *»Scheffel-Schlößchen«* auf der Mettnau.

RAVENSBURG
Heimatmuseum im Vogthaus, Charlottenstraße 36.
Kulturgeschichte, gotische, Barock- und Renaissancezimmer, Zunftstuben, Stiche und Kostüme.

RORSCHACH/SG
Heimatmuseum im Kornhaus.
Erdgeschichte, Vorgeschichte, Stein- und Bronzezeit, graphische Sammlung, Kunstausstellungen.

St. Gallen/SG

Industrie- und Gewerbemuseum, Vadianstraße 2. Stickerei- und Spitzensammlung vom 16. Jh. bis zur Gegenwart, Kostümbilder.

Museum im Kirchhoferhaus: Silbersammlung (Arbeiten aus Nürnberg, Augsburg, Berlin und Basel), Kunstsammlung, Möbel.

Schaffhausen/SH

Museum zu Allerheiligen mit wechselnden Kunstausstellungen.

Tierkunde-Museum

Singen

Hegau-Museum im gräflichen Schloß. Ur- und Frühgeschichte (25 000 v. Chr. bis 750 n. Chr.).

Schmetterlingssammlung (ca. 5000 Exemplare), Gesteins-Sammlung.

Suppen-Museum

Steckborn/TG

Heimatmuseum im Turmhof, Keramik und Zinngefäße. Funde aus der Pfahlbauzeit. Altes Handwerk. Innenräume aus dem 18. und 19. Jahrhundert.

Stein am Rhein/SH

Klostermuseum St. Georgen in der ehemaligen Benediktinerabtei, wertvolle Fresken der Meister Thomas Schmid und Ambrosius Holbein. Originale Innenräume.

Bürgerliche Museumsstiftung im 1539 erbauten Rathaus. Sammlung von 26 wertvollen Glasscheiben aus dem 15. Jahrhundert u. v. a. (Siehe: »Rothenburg am Rhein«, 1. Band.)

Überlingen

Städtisches Heimatmuseum im ehemaligen Reichlin-von-Meldeggschen-Patrizierhaus. Vor- und Frühgeschichte, Malerei und Plastik, Werke von J. A. Feuchtmayer und Jörg, Martin und Michael Zürn. 50 historische Puppenstuben von der Renaissance bis zum Jugendstil. Barocker

Festsaal mit herrlichen Stukkaturen, spätgotische Hauskapelle, Münz- und Krippensammlung, Patrizier- und Bauernstuben.

UNTERUHLDINGEN
Ältestes und größtes *Freilichtmuseum* deutscher Vorzeit. Zwei rekonstruierte Pfahldörfer der Stein- und Bronzezeit um 2200 und 1100 v. Chr. mit eingerichteten Wohnhäusern, Wehrpalisaden und Tortürmen.
Pfahlbaumuseum mit Funden von der Mittleren Steinzeit um 8000 v. Chr. bis zur alemannischen Zeit des 7. Jahrhundert. (Siehe: »Pfahlbauten rings um den See«, 1. Band.)

VADUZ/FL
Mutualhaus (Verkehrsbüro). Im 2. Stock: Sammlungen des Fürsten von Liechtenstein. Holländische Maler des 17. Jahrhunderts.
Im 1. Stock: *Staatliche Kunstsammlungen,* Malerei des 16. und 17. Jahrhunderts. Graphik des 20. Jahrhunderts.
Parterre: *Postmuseum* des Fürstentums Liechtenstein. Liechtensteiner Briefmarken.

WANGEN
Frühgeschichtliche Sammlung im Rathaus.

WIL/SG
Ortsmuseum im Hof, Lokalhistorische Sammlung, Kienberger Ofen, kirchliche Kunst, antike Uhren.

Für Glücksritter und Nachtbummler

Für Glücksritter und Nachtbummler hat man in der Schweiz wenig übrig.
Der Schweizer sieht im Glücksspiel zuerst einmal die Möglichkeit zu verlieren, und die Chance zu gewinnen, erscheint ihm gering, zudem betrachtet er beides, Gewinn oder Verlust, als reichlich unseriös. Jedenfalls soll in seinem Land niemand auf so zweifelhafte Art weder zu Geld kommen noch verlieren. Also hat man Spielkasinos verboten.
Nun wohnen aber nördlich und südlich der Schweiz Menschen, die nicht davon zu überzeugen sind, daß es nicht doch den einen oder anderen Schweizer geben könnte, der einmal ein Glücksspiel wagen würde. Und sollte es schon kein Schweizer sein, so wäre es doch denkbar, daß Urlauber ein Spielchen als angenehmen Zeitvertreib an Regentagen betrachten könnten. Es muß solche Leute geben, denn das Spielkasino der italienischen Exklave Campione im Tessin ist immer gut besucht, und auf der nördlichen Seite haben die Kasinos Konstanz und Lindau auch noch nicht geklagt. Für die Ausstattung des Spielkasinos in Campione war wohl Monte Carlo Vorbild, Konstanz und Lindau geben sich bescheidener. Eines haben sie gemeinsam: am Wasser liegen alle drei.
Gespielt werden »Roulett«, »Baccara« und neuerdings »Black Jack«. Die beiden Bodenseekasinos erwarten nicht nur Spieler als Besucher. Sie bieten viele Möglichkeiten zu Geselligkeit, nicht zuletzt durch gute Gastronomie und erlesene Bars.
Für Nachtschwärmer hält Konstanz einige »Night-Clubs« und ein Kabarett offen, solche Amüsements sind am Bodensee rar.
Für Vorarlberger gilt Bregenz/V als »Amüsierstadt«, andere werden deren Nachtleben nicht besonders aufregend finden. Barluft und Seeluft scheinen einander auszuschließen.

Baden • Kneippen • Heilfasten

Jeder Ort am See weist mit Recht anerkanntes »Heilklima« nach. Manche haben die gegebenen Möglichkeiten zum Ausbau von Heilbädern genutzt und durch Kneippanwendungen erweitert. Andere haben durch Bewegungstherapien, Atemgymnastik, Konditionsgymnastik und Entspannungsübungen die Anwendungsbereiche erweitert. Besonders bekannt wurde die Mettnaukur. Unter idealen landschaftlichen Bedingungen, in einer Zone der Ruhe auf einer Halbinsel im Zeller See, wird »aktive Bewegungstherapie« für Herz-, Nerven- und Stoffwechselkrankheiten mit Erfolg verordnet. Dabei nützt man alle Möglichkeiten, die der See bietet.

Beliebt zur Regeneration und zur Verminderung von Übergewicht sind verschiedene kombinierte Fastenkuren wie die in der bekannten Managerklinik in Überlingen oder die Schrothkuren oben in Heiden/AR. Das Bioklima des Bodensees lädt dazu ein, Genesung mit naturgemäßen Methoden anzustreben. So hat ein Meersburger Sanatorium die »naturgemäße Ganzheitsmethode« zu seinem Programm gemacht und erfolgreich durchgesetzt.

Die benachbarten schwäbischen Bäder beziehen ihre Heilkraft aus dem ständig größer werdenden Moorgebiet um den Federsee.

Moor- und Eisenbäder bietet auch Vorarlberg in verschiedenen Kombinationen. Vom Bodensee etwa so weit entfernt wie der Federsee liegt Bad Ragaz/SG, das bekannte Schweizer Thermalbad für Rheuma, Nerven und Gefäße. Man ist versucht zu sagen: vom Norden her führt die »Bäderlinie« die Genesungsuchenden zum Bodensee. Tektonisch bedingt, beginnt sie in Baden-Baden, zieht über Badenweiler, Bellingen, Dürrheim, Griesbach, Krozingen, Peterstal, Rippoldsau, Säckingen, ergänzt durch die Kneippkurorte Neustadt, Villingen, Waldkirch, Überlingen und Radolfzell.

Die meisten der Kuren, die am Bodensee angeboten werden, wirken als Vorbeugemittel und zur Rekonvaleszenz. In akuten Krankheitsfällen helfen Krankenhäuser und Spezialkliniken besser.

Die sogenannten Schönheitskuren beugen aber nicht nur vor wie andere Kuren, sie heilen seelische Gebrechen; denn es handelt sich nicht um Eitelkeit, sondern fast immer um verlorenes Selbstgefühl und Selbstbewußtsein und damit um eine geistige Gesundung. Es ist gleichgültig, ob man solche Maßnahmen Schönheitskur, Beauty-Holidays oder Schönheitsfarm nennt. »Fitness-Zentren« und selbst »Schönheitsparcours« können dazugerechnet werden. Gerade für diese Kuren spielt die Umgebung eine wichtige Rolle, und dafür bietet der Bodensee ideale Voraussetzungen.

Vom Bauernhof zum Luxushotel

Wie man sich im Urlaub bettet, hängt von Geschmack, Geldbeutel und den Möglichkeiten ab. Möglichkeiten bietet der Bodensee so viele, daß es nur noch eine Frage des Geschmacks und des Geldbeutels bleibt, und selbst der Geldbeutel scheidet aus, wenn es sich nicht um ausgesprochenen Luxus handeln soll.

Manche suchen den Kontrast, andere wünschen es sich wie zu Hause. Wer das ganze Jahr in einer Hochhauswohnung lebt, sehnt sich vielleicht nach einem Urlaub auf dem Bauernhof oder der Ungezwungenheit eines schönen Campingplatzes. Beides offeriert der Bodensee von Jahr zu Jahr in größerem Umfang, er verfügt über 42 Campingplätze mit bis zu je 50 000 qm Fläche, und »Urlaub auf dem Bauernhof« kann man in allen drei Ländern verbringen.

Bungalows, resp. Betten auf Campingplätzen sind noch rar am See.

Besser sieht es mit Ferienwohnungen aus. Fast jeder Ort stellt einige zur Verfügung. Hotels gibt es so viele, daß man am besten die einschlägigen Führer zu Rate zieht: »Varta-Führer Deutschland«, »Michelin« (Deutschland), »Schweizer Touring-Automobilführer« und die »Hotelführer« Bodensee und Schweiz, jeweils vom zuständigen Hotelier-Verband (Lindau und Bern/BE). Alle fünf erscheinen jährlich neu. Sie enthalten alle Details und Preise, erwähnen besondere Einrichtungen, und die drei ersten sind mit vielen Karten ausgestattet, die das Auffinden erleichtern. Besonders aufschlußreich sind »Varta« und »Michelin«. Ihnen kann man auch entnehmen, ob die Küche lobenswert ist, ob das Hotel ruhig liegt, ob es einen eigenen Tennisplatz besitzt oder ob Hunde mitgebracht werden dürfen.

Bei noch spezielleren Fragen wendet man sich am besten an das Hotel direkt (ob eigene Reitpferde zur Verfügung stehen, eine eigene Jagd oder ein eigenes Fischwasser, Jachthafen, Motorboot usw. vorhanden sind).

Die Jugend findet 16 Jugendherbergen in den drei Ländern, meist besonders schön gelegen (z. B. im Schloß Laufen/SH am Rheinfall). Fünf Kinderheime am deutschen Ufer, vier in der Schweiz und eines in Feldkirch/V nehmen die Kleinen auf.

Viele Restaurants zeigen durch eigene Kinderspeisekarten an, daß Kinder willkommen sind, und Herisau/AR besitzt ein eigenes Baby-Hotel, wo Kleinstkinder tage- oder wochenweise untergebracht werden können.

Mehrere Gästekindergärten ermöglichen es den Eltern, einmal etwas ohne ihre Kinder zu unternehmen. Den Vogel schießt ein Hotel in Rorschach ab, es kann eine eigene Hundespeisekarte vorweisen. Es gibt Menschen, die ein modernes Hotel einem »altdeutsch« behäbigen vorziehen. Das moderne »Metropol« in Arbon/TG vereinigt alles, vom eigenen Bootssteg bis zum Einkaufszentrum.

Wer aber Lust hat, Schloßherr zu sein, dem bietet der See mehr Möglichkeiten, als die meisten Prospekte vermuten lassen. Die »Ritter auf Zeit« haben es heute besser als die »alten Rittersleut«, die ohne Ofen, ohne Licht, aber bei rauchendem Kienspan auf vieles verzichten mußten, was man im 20. Jahrhundert für selbstverständlich hält. Selbst Fenster waren oft recht sparsam bemessen. Wer heute in einem Schloßhotel absteigt, den erwartet alte Ritterromantik neben selbstverständlichem Komfort. Dem »Schloßherrn für ein paar Ferientage« wird jede Bequemlichkeit geboten, z. B. im Schloß Arnberg (Feldkirch/V), Schloß Hofen (Lochau/V), Insel-Hotel (Konstanz), Schloß Königsegg (Reichenau), Schloß Risegg (Rorschach/SG), Schachen-Schlößle (Lindau) und Schloß Wasserburg (Wasserburg). Wer in solchen Räumlichkeiten nur speisen will, der sollte im Schloß Hagenwil bei Amriswil/TG einkehren. Das Wasserschloß besitzt zudem die einzige noch funktionierende Zugbrücke der Schweiz. Auch die Speisenkarte im Schloß Sonnenberg über Stettfurt/TG kann sich sehen lassen. Übrigens kann man in der Schloßkapelle, auch ohne Ritter und Ritterfräulein zu sein, den Bund der Ehe schließen.

Felchen und Egli

Es gibt Menschen, die in einem vierzehntägigen Bodenseeurlaub mindestens vierzehnmal Felchen essen.
Und das aus gutem Grund. Erstens schmeckt er ausgezeichnet, und zweitens gibt es diesen Edelfisch sonst nirgends.
Gewiß, manche behaupten, der Felchen gehöre zu den Maränen, und die Maränen seien eine Sippe der Renken, und die Renken wären schließlich Mitglieder der großen Heringsfamilie. Es gäbe also keinen Grund, Aufhebens von ihnen zu machen.
So können nur Leute reden, die noch nie einen gutzubereiteten Felchen irgendwo am Bodensee gegessen und dazu ein Glas Seewein getrunken haben.
Am beliebtesten sind die Blaufelchen, aber auch das, was als Silberfelchen angeboten wird, ist nicht zu verachten. Der Name Silberfelchen ist eine Handelsbezeichnung für eine ganze Gruppe, zu der der Gangfisch, der Kilch, der Sandfelchen und der Brunnerfelchen gehören. Biologisch gibt es unter den Silberfelchen kaum Unterschiede. Sie weichen nur in ihren Lebensgewohnheiten und Standorten ab.
Der Felchen ist nicht der einzige Fisch, der am Bodensee als Delikatesse geschätzt wird, es hat sogar den Anschein, daß ein anderer in Kürze die erste Stelle einnehmen wird. Man nannte ihn am Schweizer Ufer »Egli« und am deutschen »Kretzer«, inzwischen verschwindet die Bezeichnung »Kretzer« immer mehr, und der Fisch heißt hüben und drüben »Egli«. In jedem Fall handelt es sich um einen wohlschmeckenden Süßwasserbarsch.
So beliebt der Barsch auf dem Schlemmertisch ist, die Fischer sehen ihn mit gemischten Gefühlen, denn dieser Stachelflosser räubert. Einer seiner Vettern, der Zander, ein Hechtbarsch, der bis zu 15 kg schwer werden kann, wird im Bodensee selten gefischt. Die im See gefangenen Hechte können 20 kg erreichen.
Viel unbeliebter als der Barsch, ja von den Fischern nahezu gehaßt, ist die Trüsche oder Aalquappe, der einzige Süß-

wasserschellfisch, der sich, je älter er wird, desto tiefer auf den Grund des Sees zurückzieht und dort die Felcheneier zu Tausenden auffrißt. Den Gourmets allerdings ist er wegen seiner großen schmackhaften Leber jederzeit willkommen.

Wenn man Lust hat, Fisch zu essen, sollte man sich stets nach der Jahreszeit und nach dem Teil des Sees richten, an dem man sich gerade aufhält, denn danach wird das Angebot auf den Speisekarten ausgerichtet sein. Man weiß, was zu welcher Zeit und wo am besten mundet. An den Flußmündungen gibt es manchmal einen Wels (»Weller«) in Exemplaren bis zu 60 kg. 1971 wurde ein 160 cm langer Wels aus dem Bodensee an den Zoo in Zürich geliefert.

Am Überlinger See bietet man auch den Saibling an, einen heimischen Lachsfisch.

Die Seeforelle (auch Lachsforelle genannt) dagegen verirrt sich nur ausnahmsweise in den Bodensee, keinem idealen Gewässer für Forellen. Sie kann aber dann bis zu 20 kg wiegen.

Wo Gebirgsbäche den See erreichen, fängt man gelegentlich die Äsche, eine Lachsart in Größenordnungen bis eineinhalb Kilo.

Die Aalfischerei am Bodensee ist auf eine künstliche Brut angewiesen, denn der Rheinfall bei Schaffhausen bietet den Aalen ein nur selten überwundenes Hindernis.

Nicht ohne menschliches Zutun wachsen auch die meisten Karpfen heran, die am See angeboten werden. Wohl werden an Flußmündungen Karpfen und ihre Vettern, die Schleien, gefangen, aber die meisten stammen aus Karpfenteichen.

In den letzten Jahren wurden alte Karpfenteiche wieder neu angelegt. Sie waren meistens ein Opfer der Säkularisation geworden, so unglaublich das klingen mag. Das Bodenseegebiet war bekanntlich reich an Klöstern, und rund um die Klöster gab es Karpfenteiche. Bei der Säkularisation aber hat man sie zusammen mit den Abteien aufgelöst. Im Klosterbereich wird man heute noch oft solche ausgetrockneten Anlagen erkennen können.

Der Karpfen gilt von alters her als ein Gericht für die Weihnachts- und Osterzeit. Es besteht aber kein Grund, ihn an anderen Festtagen zu verschmähen.
Die Bodenseefischerei aus der Sicht der Fischer jedoch bietet einigen Grund zu Befürchtungen.
Wenn bisher der Blaufelchen »der Fisch« des Bodensees war, so wird es jetzt immer mehr der »Egli«. Die Felchen werden zu fett. Das ist für den Esser im Augenblick nicht unangenehm, auf die Dauer aber für den Fischbestand gefährlich.
Es fließen zu viele Abwässer in den See, die für die Felchen mühelos zu erreichendes Futter enthalten. Dadurch werden die Felchen oft schon mit zwei Jahren so groß wie früher mit vier Jahren. Felchen aber laichen im allgemeinen erst im vierten Lebensjahr. Wenn sie schon früher gefangen werden, ist ihr Nachwuchs gefährdet. Man hat deshalb die vorgeschriebene Maschengröße der Netze, die früher 30 mm betrug, auf 38, dann 40 und jetzt auf 44 mm heraufgesetzt, um zu verhindern, daß zu junge Felchen gefangen werden.
Der Bodensee gilt zwar als verhältnismäßig fischarm, dafür aber als ideal für Edelfische, die klares Wasser brauchen. Die Verschmutzung kann zwar mehr Fische ernähren, aber nicht mehr die edelsten Sorten. Ein anderes Mittel, den Felchenbestand zu sichern, sind Fischbrutanstalten wie die zur Zeit größte in Nonnenhorn. Dort wird sowohl Fischlaich (bis zu 60 Millionen künstlich befruchtete Eier) ausgebrütet wie auch Millionen von Jungfischen in riesigen Bottichen einer modernen Vorstreckanlage bis auf einige Zentimeter angefüttert. Durch ein Kaltbrutverfahren verzögert man zudem künstlich die Entwicklung bis zum Schlüpfen, so daß die Jungfische statt im Februar erst im April in den See kommen und dort bereits genügend Futter vorfinden. Gleichzeitig werden dadurch die Gefahren für die Fischeier erheblich herabgesetzt; denn in der Natur werden 90 Prozent des Laichs vor dem Schlüpfen von den bereits erwähnten Trüschen gefressen.
Der Fischfang selbst bedeutet für über 300 Familien (ohne

die Nebenberuflichen) am deutschen Ufer Lebensunterhalt. Die Schweizer Fischer haben 1970 über 700 000 kg Fisch aus dem Bodensee geholt, der ihnen eineinhalb Millionen Franken einbrachte. Der Gesamterlös an allen Ufern betrug ungefähr 4 Millionen DM, allein an Blaufelchen wurden über 800 000 kg gefischt.

Wenn es im Bodensee auch über 30 eßbare Fischarten gibt und daraus die verschiedensten Leckerbissen zubereitet werden, so sind es nicht die Fische allein, die die Küche des Bodensees begehrenswert gemacht haben. Schon 1581 schrieb der französische Feinschmecker und Europareisende Michel de Montaigne viel Lobenswertes in allen Details. Allerdings galt auch sein Lob zuerst den Fischen und dem Wein.

Sportanglern mit einem Ferienangelschein wird das Angeln an allen Ufern gestattet.

Wer sich auch historisch für die Fischerei interessiert, der kann einen Ausflug nach Klingnau/AG unternehmen. Das alte Schloß Klingnau wurde unter dem Namen »Haus der Fischer« als Museum eingerichtet.

■ *Fische im Bodensee*

<table>
<tr><td rowspan="6">Renken</td><td>Blaufelchen, Brotfisch der Bodenseefischer
Jahresfang etwa 800 000 kg</td><td></td></tr>
<tr><td>Gangfisch
Kilch = Kropffelchen
Sandfelchen
Brunnerfelchen</td><td>Silberfelchen (zur Familie der Maränen gehörend)</td></tr>
</table>

Barsch = »Kretzer« = »Egli«, neben den Felchen der häufigste eßbare Bodenseefisch
Seeforelle = Lachsforelle (bis zu 20 kg)
Saibling = Lachsfisch, vor allem im Überlinger See
Hecht bis zu 20 kg
Zander = Hechtbarsch bis zu 15 kg und 80 cm
Aal = nach künstlicher Brut
Wels (oder »Weller«), sehr selten (an Flußmündungen), aber Exemplare bis zu 60 kg

<table>
<tr><td>Karpfen
Schleien = Karpfenfisch</td><td>sehr selten (vor Flußmündungen)</td></tr>
</table>

Äsche = Lachsart in Gebirgsbächen bis zu 50 cm und eineinhalb Kilo
Rötel = »Rötele« = lachsfarbene Seeforelle
Trüsche oder Aalquappe (einziger Süßwasserschellfisch), wegen der großen, schmackhaften Leber beliebt. Die Trüsche frißt aber Felcheneier zu Tausenden auf.

<table>
<tr><td>Brachsen
Güster (oder Blicke)
Döbel
Hasel
Nase
Rotfeder
Rotauge
Plötze</td><td>Weißfische = Futterfische für Forellen- und Pelztierzuchten</td></tr>
</table>

Grope = Kaulkopf = kleinster eßbarer Bodenseefisch. In Ermatingen werden zum Gropenfest große Mengen gebacken (siehe »Feste am See«).
Brachsen werden geräuchert gegessen.

Schonzeiten:

Blaufelchen Sandfelchen Gangfische	15. 10. bis 10. 1.
Seeforellen	15. 7. bis 15. 9.
Hechte	1. 4. bis 20. 5.
Zander	1. 4. bis 31. 5.
Äschen	1. 3. bis 30. 4.
Rötel	1. 11. bis 31. 12.

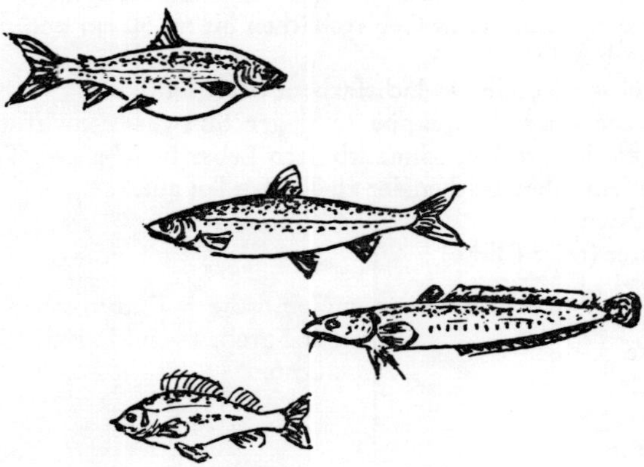

Von oben nach unten: Kilch, Felchen, Trüsche, Kretzer-Egli

Meersburger • Arenenberger • Sonnenufer

Einer der Gründe, als Konzilsort Konstanz zu wählen, war unter anderem die Tatsache gewesen, daß im gegenüberliegenden Meersburg ein guter Wein wuchs.
Derselbe französische Philosoph Michel de Montaigne, dem offensichtlich die Fische des Bodensees schmeckten, sagte 1581: »Es ist ein fruchtbares, namentlich weinreiches Land ... Es war alles voll von Reben, selbst bei Lindau. Die Stadt Markdorf liegt in einer Gegend, die weit und breit mit Reben bepflanzt ist, und es wachsen dort sehr gute Weine.«
Auch der heutige Name des Orts »Weingarten« und »Weinfelden« im Thurgau ist sicher nicht zufällig entstanden.
Die Reben brachten die Römer an den Bodensee, aber erst die Klöster kultivierten den Anbau; denn sie brauchten den Wein für ihren Eigenbedarf. Alle Voraussetzungen für einen erfolgreichen Weinbau haben sie mitgebracht: Erfahrung, Sorgfalt, Ausdauer und vor allem geeignete Pflanzen. Im Austausch mit anderen Klöstern wurde die Weinkultur verfeinert.
Die Weinbaufläche vergrößerte sich von Jahrhundert zu Jahrhundert, bis sie im 17. ihre größte Ausdehnung erreichte.
Eine Hochburg des Weins war damals das Zisterzienserkloster Salem. Auch heute kann sich der Salemer Wein durchaus trinken lassen. Der 1969er wurde mit neun Gold- und neun Silbermedaillen ausgezeichnet. Die Weinberge zwischen Sipplingen und Buchhorn (Friedrichshafen) und bis zu den Höhen von Heiligenberg waren zum größten Teil Salemer Besitz.

Die Torkeln und der städtische Weinbau

Alle Klöster hatten Rebgüter am See. In St. Georgen (Stein am Rhein) kann heute noch eine große Torkel (Weinpresse) besichtigt werden. In Bodman steht wohl die größte in einer eigenen Torkel (Kelterhaus), aber auch die Torkeln von Überlingen (im Hof des Heimatmuseums) können sich sehen lassen. Überlingen besaß um 1600 mindestens 110 Torkeln, Markdorf rund 60, Petershausen allein (ohne Konstanz) 28 und Hagnau mit knapp 500 Einwohnern 26 Torkeln. Meersburg besitzt ein Weinbaumuseum mit der ältesten Torkel Deutschlands und dem 150 000-Liter-Türkenfaß.

Wie nahezu alle Wörter aus der Winzersprache stammt auch das Wort »Torkel« aus dem Lateinischen (torquere = drehen). Es ist heute noch in »torkeln« erhalten. (Später entstanden aus Torkelholz Kirchenbänke [Birnau], Fensterrahmen, Parkettfußböden und Figuren.)

Rebgüter besaßen auch die Städte, Konstanz lag inmitten von Weinbergen, aus denen man je nach Weinjahr zweieinhalb bis fünf Millionen Liter kelterte. Der begehrteste Wein am Ende des 16. Jahrhunderts war der Überlinger, er erzielte Rekordpreise. Auch der Meersburger und der Buchhorner galten als hervorragend.

In Lindau wuchsen die Reben inmitten der Stadt am heutigen Rathausplatz – so unvorstellbar das heute sein mag. Schaffhausens »Roter« war früher schon so bekannt wie heute.

Der Dreißigjährige Krieg vernichtete die meisten Weinberge, und nur allmählich begann der Neuanbau: die Bevölkerung war dezimiert, von Krieg oder Seuchen dahingerafft oder geflohen. Erst die Bemühungen der Klöster brachten im 18. Jahrhundert wieder eine Blüte.

Hansjakobs Hagnauer Winzergenossenschaft

Entscheidender für den Weinbau waren Napoleon und die Säkularisation. Die Napoleonischen Kriege brachten Armut, die Säkularisation die Aufhebung der meisten Bodenseeklöster und damit den Verfall des Weinbaus.

Das Bier erreichte höheren Umsatz, die Weinernten waren schlecht, fremde Weine wurden angeboten. Die schlechte Rentabilität brachte einen vernachlässigten Anbau mit sich,

der »Seewein« wurde zum Schimpfwort, das fast mit »Essig« gleichbedeutend war.
Damit haben sich aber logisch denkende Männer nie abfinden können. Sie haben sich gesagt, wo südliche Pflanzenwelt gut gedeiht, muß auch ein prächtiger Wein wachsen. Es hat sich inzwischen gezeigt, daß diese Auffassung richtig war; denn es gibt wieder Weine vom Bodensee, die sich mit den besten Lagen anderer bekannter Weingegenden messen können. Der frühere Niedergang hat seine Vorteile gehabt, man hat bei Neupflanzungen nur die besten Lagen wieder bebaut und auch alle minderen Sorten ausgeschieden.
Im 19. Jahrhundert hat das alte Weinbaudorf Hagnau einen streitbaren Pfarrer bekommen, den Schriftsteller und Politiker Heinrich Hansjakob. Von 1869 bis 1884 war er in Hagnau Pfarrherr und von 1871 bis 1881 badischer Landtagsabgeordneter. Hier entstand sein Pseudonym »Hans am See«. Hier entstanden auch viele Erzählungen. Aber er wäre bestimmt nicht in diesem Kapitel erwähnt worden, wenn er nicht 1881 die erste genossenschaftliche Weinabsatzorganisation Deutschlands gegründet hätte, die Hagnauer Winzergenossenschaft.
Er ging von der Überlegung aus, daß die Bedeutung des Seeweins nicht zuletzt auf dem gutorganisierten Absatz wie dem des Klosters Salem beruhte. Die Klosterorganisation, zu der Hagnau früher gehörte, gab es seit der Säkularisation nicht mehr, also mußten die Winzer dafür einen Ersatz finden, wenn die Arbeit Zukunft haben sollte.

Die EWG-Weinordnung

Rund um den Bodensee werden heute etwa 800 Hektar mit Reben bebaut, aus denen viele bekannte Weine stammen. Die neue EWG-Weinordnung, die seit 1971 in Kraft ist, hat die Bezeichnung der Weinlagen bereinigt. Nur mehr 15 Einzellagen blieben übrig (von denen Meersburg allein acht beansprucht), und alle übrigen Lagen werden mit »Sonnenufer« bezeichnet. Damit sind rund zwei Dutzend Namen verschwunden. Es wird auch nicht mehr nach

»naturrein« oder »Originalabfüllung« unterschieden. An ihre Stelle wird abgestuft durch »Tafelwein« oder »Qualitätswein«. Zwei der neuen Prädikate kann man am Bodensee nicht erwarten: »Tafelwein« und »Eiswein«. Vom »Tafelwein« werden nur 50 Grad Öchsle verlangt, ein unterer Wert, den der Bodenseewein immer überschreitet. Zu Eiswein gehört früher Frost, der am Bodensee sehr selten eintritt (Trauben müssen bei Lese und Kelterung gefroren sein). Das letzte Mal wurde dieses Prädikat 1965 da und dort am See erreicht.

Der Weinbau in Vorarlberg

Die Anbaugebiete verteilen sich rund um den See, wobei das Meersburger Ufer dominiert und das Vorarlberger Gebiet am wenigsten bekannt sein dürfte. Daran sind die Vorarlberger selbst schuld. Sie veranstalten »Wachauer Wein-Wochen« und bieten Donauweine an. Sie haben das »Weinroulette« eingeführt, durch das man zu einer besseren Kenntnis der Wachauer Weine kommen soll, aber für ihre eigenen Weine tun sie wenig. Dabei ist die Bedeutung Vorarlbergs als altes Weinland erst im 19. Jahrhundert mehr und mehr geschwunden. Von den Weinen, die schon römische Kaiser getrunken haben, blieben nur zwei Lagen übrig, der »Röthner« und der vorzügliche »Ardetzen« (Feldkircher Hausberg). Das ist alles. Man hat in neuerer Zeit im Klotzacker am Zanzenberg bei Dornbirn ohne rechten Erfolg wieder begonnen. Es ist heute kaum vorstellbar, daß der Weinbau früher der Haupterwerb nicht nur der Vorarlberger Gebirgstäler war, sondern auch einer Stadt wie Bregenz.

Nordostschweizer Weine

Am Südufer des Sees, im Kanton St. Gallen, baut man heute fast ausschließlich Blauburgunder an (98 Prozent). Das Hauptweingebiet liegt an den Hängen des Rheintals und der Rheinmündung mit dem Weinbauzentrum Bern-

eck (35 ha) und den Weinorten Thal, St. Margarethen, Au, Balgach, Rebstein, Marbach und Altstätten.
Im Thurgau herrscht ebenfalls Blauburgunder vor, Müller-Thurgau erreicht einen Anteil von 20 Prozent. Neben einigen kleineren Rebenflächen baut man Wein vor allem an den Hängen am Ottoberg im Tal der Thur mit Ottoberg/TG und dem alten Weinort Weinfelden/TG und unmittelbar am Untersee um Berlingen/TG und Ermatingen/TG mit deren Hanglagen um Salenstein/TG (Arenenberger). Hier wachsen die 20 Prozent Müller-Thurgau (Riesling und Silvaner). Das dritte Gebiet liegt benachbart weiter oben landeinwärts um Hüttwilen/TG und den Steinegger See. Es zieht sich über Nußbaumen/TG bis nach Schlattingen/TG wieder nahe an den See und an den Rhein. An den Rheinhängen, beginnend in Stein, liegen die Weinorte Hemishofen/SH, Bibern/SH, Dörflingen/SH, Schaffhausen/SH, Beringen/SH usw. Das Hauptweinbaugebiet des Kantons Schaffhausen mit fast 90 Prozent Blauburgunder beginnt aber mehr rheinabwärts um Hallau/SH (123 ha) mit Wilchingen/SH (53 ha), Oberhallau/SH (38 ha), Trasadingen/SH (31 ha) und Osterfingen/SH (30 ha).

Die deutschen Bodenseeweine

Selbstverständlich beendet die Landesgrenze bei Stein am Rhein nicht den Weinbau, er setzt sich auf der Höri auf deutschem Gebiet rund um den See fort, dann praktisch in jedem Ort: Öhningen, Hemmenhofen, Gaienhofen, Horn, Gundholzen, Iznang, Bankholzen, Bohlingen, Kaltbrunn, Allensbach, Hegne, die Reichenau mit immerhin 5 ha Weinbaugebiet und Konstanz mit den größten Rebhängen (13 ha) des ganzen Kreises. Sonst werden nur kleinere Flächen mit 65 Prozent Blauem Spätburgunder und 28 Prozent Müller-Thurgau bebaut.
Besonders genannt werden muß noch Hilzingen, wo so viel Wein wie auf der ganzen Reichenau wächst, überwiegend Müller-Thurgau.

Die bekanntesten Bodenseeweine liefert der Landkreis Überlingen. Hier halten sich Müller-Thurgau und Blauer Spätburgunder die Waage, etwa 12 Prozent Ruländer kommen hinzu. An der Spitze liegt sowohl nach der Fläche wie auch nach der Qualität Meersburg (54 ha), es folgen Hagnau (30 ha), Birnau (21 ha), Bermatingen (31 ha), Kirchberg (9 ha) und Stetten (6 ha). Der alte Weinort Markdorf besitzt nur noch 3 ha Anbaufläche.
Die hier angebauten Seeweine haben 1969 auf der Badischen Weinprämiierung nicht weniger als 60 Medaillen in Gold, Silber und Bronze nach Hause geholt.
Wenn die Zeit der Weinlese kommt und rund um den See »Sußer« oder »Saußer« mit Zwiebelkuchen angeboten wird, dann merkt man, daß man mitten in einem Weinbaugebiet sitzt. Man sagt, Wein und Obst gehören zusammen, und zum Zwiebelkuchen schmeckt ein guter Apfelmost bstimmt auch nicht schlecht. Aber Most ist rar. Da man hauptsächlich hochwertiges Tafelobst anbaut, fehlt der notwendige Rohstoff.

Der Obstler

Anders sieht es mit dem »Obstler« aus, dem Obstbranntwein. Rund um den See stehen 3000 kleine Brennereien, die ein Kontingent von 3 Hektolitern besitzen und z. T. hervorragende Qualitäten brennen. Während aber im Schwarzwald überall das heimische Kirschwasser und der Himbeergeist angeboten werden (der badische Raum besitzt 12 000 Kleinbrennereien), muß man am Bodensee den »Obstler« ausdrücklich verlangen, er steht selten auf einer Getränkekarte. Vielleicht liegt es an der Vielfalt, die keine einheitliche Markenqualität anzubieten vermag, obwohl Schnäpse darunter sind, die sich mit einem Calvados messen können. Nur die Vorarlberger haben eine einheitliche Qualität geschaffen, die als »Vorarlberger Obstler« ein Begriff wurde.
Vorarlberg bietet noch eine weitere Spezialität an, den »Enzian«. Ursprünglich kamen die Wurzeln aus den Vor-

arlberger Alpen, heute stammen sie aus Einfuhren (hauptsächlich aus Frankreich), gebrannt wird aber noch nach alter – man darf sagen: uralter – Tradition. Von dem zwischenzeitlichen Brennen mittels Dampf ist man wieder zum ursprünglichen direkten Brand übergegangen. Enzian sollte man als »Medizin« trinken.

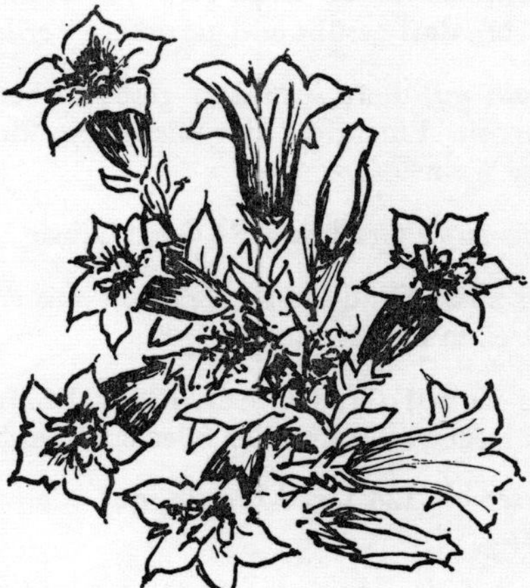

■ *Die Bodensee-Trauben*

50% Spätburgunder
   15% davon werden Rotwein
   35% davon werden Weißherbst
30% Müller-Thurgau
10% Ruländer
10% Gutedel, Riesling, weißer Burgunder und Traminer.

Die Öchslegrade, die für Spätburgunder und Ruländer als Qualitätsweine verlangt werden, liegen immer um einige Grade höher als die für Weißherbst und Müller-Thurgau.

■ *Die neuen EWG-Bezeichnungen*

Tafelwein: bis zu 50 Grad Öchsle (gibt es am Bodensee nicht).

Qualitätswein: bis zu 66 Grad resp. 72 Grad Öchsle (je nach Rebsorte), darf gesüßt und gezuckert werden.

Qualitätswein mit Prädikat: darf gesüßt, aber nicht gezuckert werden. Entspricht der bisherigen Bezeichnung »naturreiner Wein«.

Kabinett: bis zu 72 Grad resp. 81 Grad Öchsle.

Spätlese: bis zu 91 Grad Öchsle, Trauben müssen aus einer späten, vollreifen Lese stammen.

Auslese: bis zu 101 Grad Öchsle, nur vollreife Trauben und Aussonderung aller kranken oder unreifen Beeren.

Beerenauslese: bis 124 Grad Öchsle, nur edelfaule, überreife Beeren.

Trockenbeerenauslese: bis 150 Grad Öchsle, nur edelfaule, bereits eingeschrumpfte Trauben.

Eiswein: aus am Stock gefrorenen Trauben (gibt es am Bodensee sehr selten).

■ *Die Weinlagen*

Deutsches Ufer
Bermatinger Leopoldshalde
Birnauer Kirchhalde
Hagnauer Burgstall
Hohentwieler Elisabethberg
Hohentwieler Olgaberg
Immenstaader Schloßberg
Meersburger Bengel
Meersburger Chorherrnhalde
Meersburger Fohrenberg
Meersburger Haltnau
Meersburger Jungfernstieg
Meersburger Lerchenberg
Meersburger Rieschen
Meersburger Sängerhalde
Überlinger Felsengarten
Alle anderen Lagen werden unter der Bezeichnung »Sonnenufer« verkauft.

Schweizer Ufer (fast ausschließlich Rotweine):
Altstätter
Arenenberger (Riesling und Silvaner)
Bernecker
Hallauer
Rheintaler
Schaffhauser
Trasadinger

Perlen am See

Wahrscheinlich ergeht es vielen ähnlich: zuerst hat man das Bedürfnis, einmal um den See herumzufahren, um ihn ganz zu erfassen, mit dem Auto, dem Schiff oder der Bahn. Aber so eine Seeuferfahrt zu den »Perlen« am See läßt sich nicht auf einmal »erledigen«, selbst wenn man alle »Abstecher« wegläßt. Man will etwas sehen, und man will vielleicht da und dort verweilen.
Ausgangspunkt soll die größte Stadt am Bodensee sein:

Konstanz
Die Altstadt dieses im letzten Jahrzehnt ununterbrochen angewachsenen Ortes wird auf der Landseite ringsum von der Schweiz umgeben. Sie ist nur durch die Rheinbrücke und den See mit deutschem Territorium verbunden. Der historische Kern gruppiert sich um das Münster, das Wahrzeichen der Stadt. Am lebendigsten wirkt der Ort aber rund um das Konzilshaus, hierher lockt es auch die Fremden; denn dicht daneben liegen Hafen, Uferpark, Marktstätte, deutscher und Schweizer Bahnhof, Hotels und das Theater.
Die neuen Stadtviertel ziehen sich von Petershausen entlang der Straße bis zur Staader Autofähre (nach Meersburg) und nahezu parallel dazu nach Wollmatingen hin.
Ein Spaziergang auf der Seeuferpromenade, vorbei am Spielkasino und Gästehaus, bis zum Jachthafen eröffnet immer wieder reizvolle Ausblicke auf die Stadt und den Hafen (Titelbild des ersten Bandes). Am Weg von der Seeuferpromenade zur neuen Universität liegt der interessante Bau der neuen Mariahilfkirche.
Die ständig steigende Einwohnerzahl steht im Zusammenhang mit der Ansiedlung neuer Industrien, vor allem im Industrieviertel. An dieses Gebiet grenzt eines der schönsten Naturschutzgebiete Deutschlands, das Wollmatinger Ried. Es läuft neben dem Damm zur Insel Reichenau langsam aus.

Sieben Grenzübergänge führen von Konstanz in die Schweiz, rund 40 Millionen reisen über sie alljährlich in die Bundesrepublik. Konstanz bewältigt damit den umfangreichsten Grenzverkehr aller Zollstationen Deutschlands (siehe »Konstanz und das Konzil«, 1. Band). Konstanz ist zusammengebaut mit

Kreuzlingen/TG
Wer die Natur liebt, wird im Seeburgpark am Hafen ein Tiergehege und manches Idyll finden. Vom 1350 erbauten Wallfahrtskirchlein Bernrain (Bernrainstraße in Richtung Frauenfeld) bietet sich ein umfassender Blick auf Kreuzlingen und Konstanz.
Die Bregenzerwald-Meister haben in Kreuzlingen ein barockes Kleinod geschaffen, das Augustiner-Chorherrenstift (siehe: »Barock am See und der Bregenzerwald« im 1. Band). Das bemerkenswerteste an dieser ehemaligen Klosteranlage bleibt aber der Innenraum der Basilika St. Ulrich. Man sollte sich auch nicht die Fastenkrippe in der linken Nische entgehen lassen (siehe: »Barockplastik – Barockmalerei«, 1. Band).
St. Ulrich liegt an der Romanshorner Straße. Zum nächsten Ort auf dieser »Südlichen Barockstraße« steigt es etwas an:

Münsterlingen/TG
Wieder waren es die Bregenzerwald-Leute, die das Kloster (jetzt Krankenhaus) gebaut haben. Die barocke Kirche beherbergt bis zur nächsten Seegfrörne die Büste des Johannes Evangelist, die 1963 von den Hagnauern in einer Prozession über das Eis gebracht worden ist (siehe: »Der Winter am See«).
Etwas weiter entfernt folgt die nächste größere Stadt

Romanshorn/TG
Diese Verkehrsdrehscheibe lagert auf einer Halbinsel im See. Alles Leben kreist um den Schweizer Hafen der Eisenbahn- und Autofähre Friedrichshafen – Romanshorn

(siehe: »Fähren« und die »Weiße Flotte«). Er wird von einem schönen Seepark umgeben, dem sich der Jachthafen anschließt. Das alte Schloß der St. Galler Vögte ist oft umgestaltet worden. Von Romanshorn sollte man einen Abstecher über Amriswil machen und im benachbarten

Hagenwil/TG

das Schloß besichtigen. Es ist eines der wenigen Wasserschlösser der Schweiz und besitzt die einzige noch erhaltene Zugbrücke auf Schweizer Territorium. Übrigens lädt das Restaurant des Schlosses zu einer Rast ein (siehe »Romanische Bauten«, 1. Band, und »Vom Bauernhof zum Luxushotel«).

Vom südlicher liegenden Hagenwil kehrt man über Amriswil zurück auf die »Barockstraße« in

Arbon/TG.

Die alte Römersiedlung »Arbor felix« hat sich zur Industriestadt entwickelt. Die Martinskirche war früher wohl eine Turmburg. Der erhaltene Schloßturm soll in seinen unteren Teilen aus der Zeit um 400 stammen. Die romanische Galluskapelle erinnert daran, daß von hier aus St. Gallus in den Wald zog, um seine Zelle zu gründen.

Neben der Uferpromenade mit Seebad und Jachthafen übt das »Metropol«, Einkaufszentrum und zugleich Hotel, auf viele seine Anziehungskraft aus (siehe: »Romanische Bauten« und »Beispielhaftes, modernes Bauen«, 1. Band).

Am See entlang führt die »Barockstraße« weiter nach

Rorschach/SG.

Diesem Handelsplatz blieb seine alte Rührigkeit bis heute erhalten. Das Zentrum bildet immer noch der Hafen, für den Bagnato 1748 das bekannte »Kornhaus« baute. Es ist nicht die schlechteste Fahrtunterbrechung, im »Anker« einzukehren und von oben dem Treiben zuzusehen.

Die Patrizierhäuser zeugen von altem Reichtum. Sie finden ein zeitgenössisches Gegenstück in der blühenden Industrie.

Die barocke Kolumbankirche wurde vor kurzem restauriert.
Man darf den Weg hinauf nach Mariaberg nicht scheuen. Heute ist dort das Lehrerseminar untergebracht. Dieses ehemalige Benediktinerkloster besitzt einen sehenswerten Kreuzgang und Kapitelsaal (heute Musikraum). Deren Kreuz- und Netzgewölbe sind im ganzen Bodenseeraum einmalig. (Siehe: »Gotik am See« und »Barock am See und der Bregenzerwald«, 1. Band.)
Die »Südliche Barockstraße« verläßt den See und wendet sich nach

St. Gallen/SG.
Die Kantonshauptstadt darf mit 85 000 Einwohnern als größte Stadt im Bodenseebereich gelten.
Von der riesigen Klosteranlage wurde bei Peter Thumb und den Bregenzerwald-Meistern ausführlich berichtet. Die Kathedrale ist kürzlich umfassend restauriert worden. Die herrliche Bibliothek besitzt heute rund 100 000 Bände und 2000 Handschriften.
St. Gallen vereint Alt und Neu harmonisch miteinander. Das Gegenstück zum Barockkomplex auf dem hochgelegenen Gallusplatz bildet die moderne, weitläufige Hochschulanlage am Rosenberg.
Im Zentrum der Stadt kontrastieren die schönen Patrizierhäuser mit kunstvollen Erkern zu dem modernen Theaterbau in ihrer unmittelbaren Nachbarschaft.
Man spürt es überall: St. Gallen ist kein »Stadtmuseum«, sondern eine lebendige Stadt, die die alten gotischen Kirchen und Renaissance-Bürgerhäuser erhält und ihnen gleichzeitig neue Schulen und Industriebauten zugesellt. (Siehe: »Barock am See und der Bregenzerwald«, »Gotische Bauten« und »Beispielhaftes modernes Bauen«, 1. Band.) Man kann nun der »Barockstraße« weiter folgen und über das Pestalozzidorf *Trogen/AR* mit dem schönen Landsgemeindeplatz über die Grenzen nach *Hohenems/V* mit seinem Renaissancepalast (erbaut vom Salzburger Fürstbischof, Kardinal Markus Sittikus von Hohenems)

fahren oder über *Heiden/AR* (mit der Henri-Dunant-Gedenkstätte) direkt an den See nach Österreich und kurz vor Bregenz/V auf der neuen Schnellstraße einen Abstecher unternehmen nach

Feldkirch/V.
Die alte Bezirkshauptstadt vor den Toren Liechtensteins war jahrhundertlang der bedeutendste Ort Vorarlbergs. Davon zeugen heute noch der Stadtkern, die Laubengänge, die Bürgerhäuser und die Kirche. St. Nikolaus, seit 50 Jahren Bischofskathedrale, birgt zahlreiche Kunstschätze. Überragt wird die alte Stadt von der Schattenburg, heute Restaurant und Heimatmuseum (siehe: »Vorarlberg« und »Gotik am See«, 1. Band). Die Schnellstraße zum See verläßt man in

Dornbirn/V.
Die Gartenstadt ist durch die Textilmessen bekanntgeworden. Hier konzentrieren sich gleichzeitig die Vorarlberger Textilindustrie und deren Ausbildungsstätten. Auf dem verkehrsreichen Marktplatz lohnt es sich, im Restaurant »Rotes Haus«, dem Prototyp des sogenannten »Rheintalhauses«, einzukehren (siehe: »Textilmesse – IBO – OLMA – RATIO«).
Auf der Landstraße nach Bregenz folgt Schwarzach und nach einigen Kilometern in Rickenbach die Abzweigung nach

Bildstein/V.
Diese barocke Wallfahrtskirche wurde von dem Bregenzerwald-Meister Kuen gebaut. Den See erreicht man wieder in

Bregenz/V.
Die Landeshauptstadt von Vorarlberg besteht aus zwei kontrastreichen Bezirken. Die mittelalterliche Oberstadt liegt dem Martinsturm, dem Wahrzeichen von Bregenz, benachbart. Unten am See vereinigen sich Hafen, Bahnhof, Park und Festspielgelände zu einem eigenen Bezirk.

Zwei beachtliche Höhen überragen die Stadt und bieten einen schönen Blick auf den See, zunächst der Gebhardsberg mit Schloß und einer barocken Gebhardskirche und darüber der Pfänder, auf den man bequem mit einer Seilbahn hinauffährt. Zwischen diesen markanten Punkten liegen reizvolle Bauten wie das klassizistische Theater oder der kleine barocke Rundbau der Nepomukkapelle. Die Bregenzerwald-Baumeister waren an der Seekapelle (Christan Thumb) und der Pfarrkirche St. Gallus (zuerst Michael Kuen, später Franz Anton Beer und Peter Thumb) tätig (siehe: »Vorarlberg« und »Gotik am See«, 1. Band). Man sollte sich die Zeit nehmen und in Richtung St. Margarethen – Lustenau hinaus nach Bregenz-Vorkloster fahren und die Abtei Mehrerau besichtigen.
Über diese Klosterkirche, ihre Fassade und »Krypta« wurde wiederholt berichtet (siehe: »Romanische Bauten« und »Modernes Bauen«, 1. Band). Im Innern führt gleich rechts neben dem Eingang eine Wendeltreppe unter die Kirche zu den Ausgrabungen.
Zurück geht die Fahrt den See entlang quer durch Bregenz nach Lochau/V (Schloß). Dort verläßt man Österreich und kommt in das bayerische

Lindau.
Die Stadt des »lieben Augustin« hat sich durch die Insellage ihre Geschlossenheit bewahrt. Trotz der umliegenden Industriebetriebe glaubt man sich ins Biedermeier versetzt, sobald man die »Ferieninsel« betritt. Da ist die Hauptstraße mit den Arkaden, »Deutschlands schönstes Rathaus«, das Haus der Cavazzen und das durch »Augustin Sumser« bekannte Damenstift. Erst wenn man den inneren Bereich verläßt und zum Hafen kommt, entrinnt man dieser verzauberten Altstadt. Ganz in die Gegenwart gelangt man auf der »See-Brücke«, dem Kurpark mit dem Spielkasino. (Siehe: »Barock am See und der Bregenzerwald«, »Theater in und am See« und »Für Glücksritter und Nachtbummler«.)
Zu Lindau gehört Bad Schachen, dessen Heilquellen schon

seit dem 15. Jahrhundert fließen. Schachen gilt als einer der ältesten Badeorte Deutschlands.
Vor den Toren von Lindau, der südlichsten Stadt Deutschlands, liegt

Wasserburg.
Ursprünglich war Wasserburg wie Lindau eine Insel, später wurde ein Damm aufgeschüttet. Auf dem engen Raum der ehemaligen Wasserburg aus dem 8. Jahrhundert sind alte Kirche, Schloß und Dorf zusammengedrängt.
Auf der letzten Strecke der südlichen Barockstraße – man hätte sie ab Bregenz auch »Grüne Straße« nennen können – folgt eine Reihe bekannter Orte. Die Hauptstrecke der »Oberschwäbischen Barockstraße« wird erreicht in dem Dorfstädtchen

Langenargen.
Das Wahrzeichen dieses Kurorts, Schloß Montfort, steht anstelle des ersten Baues aus dem 14. Jahrhundert. Dieses Bauwerk aus dem 19. Jahrhundert dient heute als Hotel und Kurhaus.
Die größten Industrien am Ufer des Sees besitzt zweifellos

Friedrichshafen.
Mit Ausnahme des kleinen Parkbezirks von Hofen mit dem Schloß und der barocken Schloßkirche ist Friedrichshafen auch architektonisch eine betont moderne Stadt. In Hofen liegt das Hotel-Restaurant »Buchhorner Hof«. Der Name dieses bekannten Hotels erinnert an die alten Ortsbezeichnungen. Friedrichshafen entstand nach der Säkularisation 1803 aus dem Zusammenschluß von Buchhorn und Hofen, als das Gebiet an Friedrich I., König von Württemberg, fiel. Die Stadt der Zeppelin, Dornier und Maybach wurde die Stadt des Fortschritts (siehe: »Schiffe, fliegende Schiffe und Raumfahrt«). Kein Wunder, daß in diesem Ort ein moderner Bau den andern übertrumpft. Da stehen der Hafenbahnhof, von dem das Fährschiff nach Romanshorn abgeht, das neue Rathaus, die umgebaute

Nikolauskirche, die Porschewerke, nicht weniger als vier moderne Kirchen und viele Industriebauten aller Art, daneben dürfen die Verwaltungsbauten und das Hallenbad nicht vergessen werden. (siehe »Beispielhaftes modernes Bauen«, 1. Band).
Die Hauptstrecke der »Oberschwäbischen Barockstraße« kommt über Tettnang bei Langenargen an den See und führt von Friedrichshafen nach Ravensburg – Weingarten. Diese kurze Seeberührung von nur wenigen Kilometern hat keine landschaftlichen oder gar »barocken« Gründe, sondern rein politische, man wollte in »Oberschwaben« bleiben und weder Bayern noch Baden berühren.
Man kann von Friedrichshafen auch direkt nach Ravensburg fahren und bei der Lochbrücke rechts abbiegen nach

Tettnang,
um sich das alte Montfortschloß (1667 von Bregenzerwald-Baumeister Michael Kuen gebaut) – heute Rathaus – und das neue Schloß mit den Arbeiten Feuchtmayers anzusehen.
Tettnang gilt als Zentrale des oberschwäbischen Hopfen-, Obst- und Spargelanbaus.
In Meckenbeuren kehrt man wieder auf die Hauptstraße zurück oder fährt über Liebenau direkt nach

Ravensburg.
Daß Ravensburg die Metropole der »Ravensburger Handelsgesellschaft« war, zeigt sich im Stadtbild auf Schritt und Tritt: ein altes Patrizierhaus neben dem anderen (siehe: »Was wir sond«, 1. Band). Von Ravensburg aus ist es nur ein kleiner Sprung nach

Weingarten.
Man kann diesen Ort als Gegenpol zu St. Gallen auf dem gegenüberliegenden Ufer ansehen.
Von den Bregenzern gebaut wie St. Gallen, wurde es genauso eine »Gottesstadt« wie das Schweizer Kloster. Dennoch empfindet man es anders: Der Gallusplatz scheint

in die Stadt eingebettet. In Weingarten beherrscht heute noch das Kloster den Ort. (siehe: »Barock am See und der Bregenzerwald«, 1. Band).
Auf der Rückkehr zu den Ufern des Sees sollte man nicht versäumen, kurz hinter Ravensburg abzubiegen nach

Weißenau.
Die ehemalige Prämonstratenserabtei, jetzt kath. Pfarrkirche Peter und Paul, wurde 1714 von Franz Beer gebaut. Von hier aus besteht die Möglichkeit, über Markdorf direkt nach Meersburg zu fahren oder auf die Uferstraße zurückzukehren. Wir verlassen aber die Hauptstrecke der »Oberschwäbischen Barockstraße«, biegen in die »Westroute« ein und erreichen

Hagnau.
Dieser bekannte Weinort besaß im 17. Jahrhundert nicht weniger als 26 Torkeln (Weinkeltern).
Neben den Amtshäusern der früheren, klösterlichen Besitzer von Hagnau ist die Pfarrkirche St. Johannes von 1729 beachtenswert. Alle Jahrhunderte haben an ihr gebaut. Der Turm birgt unten noch romanische Teile und wird oben spätgotisch wie der Chor.
Von Hagnau aus wurde 1963 die Büste des Johannes Evangelist anläßlich der Seegfrörne in einer feierlichen Prozession über das Eis nach Münsterlingen gebracht (siehe: »Der Winter am See« und »Romanische Bauten«, 1. Band).
Hagnau benachbart liegt

Meersburg.
Dieses in seinem Kern romantischste Fleckchen Erde am Bodensee besitzt genaugenommen nur zwei Straßen, aber viele alte Häuser, ein großes Schloß, eine wichtige Burg, einige Tortürme und eine Unzahl fotogener Ecken, Winkel, Kunstgewerbeläden, ein Mühlrad und nicht zuletzt eine ausgesprochen südlich wirkende Uferpromenade und, was nicht vergessen werden darf, seit Jahrhunderten den

Arenenberg/TG, Blick vom Plateau des Napoleonschlößchens auf Mannenbach und Berlingen.

Gottlieben/TG, die »Drachenburg«, eines der schönsten Fachwerkhäuser der Schweiz.

bekanntesten Seewein. (Siehe: »Dichter und Künstler am See«, 1. Band, und »Meersburger – Arenenberger – Sonnenufer«.)
In Meersburg stößt die Südroute der Barockstraße, von der diese Seeuferfahrt ausgegangen ist, über den See kommend auf die Westroute. Von Meersburg aus lohnt sich der Abstecher auf der Landstraße Richtung Bermatingen nach

Baitenhausen.
Allein die Lage dieses barocken Kleinods auf einer Bergnase rechtfertigt den Ausflug. Die Wallfahrtskirche wurde vor einiger Zeit umfassend renoviert. Dem Ufer entlang weiter nach Westen folgt unmittelbar auf Meersburg

Unteruhldingen.
Ein Pfahldorf im See und ein Museum, das die Funde aus der Zeit der ersten und zweiten Pfahlbauperiode zeigt, erwarten den Besucher, und daß viele kommen, zeigt der riesige Parkplatz (siehe: »Pfahlbauten rings um den See«, 1. Band).
Bei Oberuhldingen gabelt sich die Straße, und da ist ein weiterer Abstecher nicht zu vermeiden über Mimmenhausen, vorbei an dem Gut Killenberg, das Feuchtmayer von Salem verliehen wurde, nach

Salem.
Schon das Torhaus zeigt, daß man hier ein eigenes Reich betritt, heute: die »Schule Schloß Salem«. Aber deshalb kommen die wenigsten hierher. Zwei Bauten gilt es zu bewundern: das größte gotische Münster im gesamten Gebiet und den barocken Kaisersaal des ehemaligen Zisterzienserklosters. Der gotische Raumeindruck des Münsters wird allerdings durch die klassizistische Ausstattung stark beeinträchtigt (siehe: »Gotik am See«, 1. Band).
Von Salem steigt der Weg an nach dem 726 Meter hoch liegenden

Heiligenberg.
Vor dem Schloß dieses Luftkurorts steht eine alte Gerichtslinde (7 Meter Umfang) aus dem 12. Jahrhundert.
Der Rittersaal, einer der schönsten Renaissance-Prunkräume, findet kaum in Weikersheim (im Taubertal) eine gewisse Parallele. Die gotische Schloßkapelle wurde in der Renaissance neu ausgestattet. Auf keinen Fall sollte man den Rundblick versäumen, der sich von hier oben bis hinüber zu den Schweizer Alpen bietet.
Wieder an den See zurückgekehrt, grüßt die

Birnau
oder, wie es genauer heißt, Neubirnau. Sie gilt als die schönste Barockkirche am See, das Meisterwerk Peter Thumbs. Diese Zisterzienserpropstei ist nicht nur von weit her zu sehen, man hat auch vom Plateau vor der Kirche aus einen herrlichen Rundblick. Direkt zu Füßen liegt Maurach, früher ein Frauenkloster, heute dem Verfall preisgegeben (siehe: »Barock am See und der Bregenzerwald«, 1. Band). Spätestens hier in Birnau verläßt man die komplizierte Einteilung der Barockstraßen, um bis Ludwigshafen auf der »Grünen Straße« zu bleiben. Dabei muß man darauf achten, die Uferschnellstraße rechtzeitig vor Nußdorf zu verlassen, wenn man nicht die nächste Stadt rasch umfahren will:

Überlingen.
Keine zweite Stadt am See wird so vom Münster bestimmt wie Überlingen. In ihm sind die Meisterwerke der Familie Zürn in einer Fülle vereinigt wie sonst nirgendwo. Es ist zugleich mit Ölberg und Rathaus Zentrum der Altstadt, an die sich die Oberstadt mit dem Reichlin von Meldeggschen Patrizierhaus (Heimatmuseum) und den beiden barocken Kirchen anschließt. Den Kontrast dazu bildet das moderne Kurviertel mit neuem Landratsamt, Kurpark und Seepromenade. Auf der Nußdorfer Seite entstehen verschiedene moderne Eigentumskomplexe und ein Luxuswohnstift.

In Überlingen finden die meisten Segelregatten des Überlinger Sees statt (siehe: »Gotik am See« und »Beispielhaftes modernes Bauen«, 1. Band). Bei Überlingen zeigt sich die dicke Molasseschicht am deutlichsten, in die sich der See eingegraben hat. Am augenfälligsten wird sie an den Heidenhöhlen kurz hinter der Silvesterkapelle von Goldbach, einem der ältesten Bauwerke am Ufer mit den ältesten Wandgemälden. Oberhalb der Umgehungsstraße liegt die Gletschermühle. Von hier führt ein Fußweg zu den Steinbrüchen und dem Hödinger Tobel (siehe: »Heidenhöhlen, Gletschermühle und Tobel«, 1. Band). Diesen Tobel erreicht man auch auf der Uferstraße von der Süßen-Mühle aus. Die gotische Pfarrkirche in

Sipplingen
wurde von Feuchtmayer barock ausgestattet. Oberhalb Sipplingen liegt das Pumpwerk der Bodenseewasser-Fernleitung. Hier zweigt ein Weg ab zum

Haldenhof.
Von diesem Bergrestaurant aus hat man einen schönen Blick auf den ganzen Überlinger See, den Bodanrück und die Landschaft um den Schienerberg (siehe: »Zum Wandern verführt«). Vom Haldenhof führt eine Waldstraße hinunter nach

Ludwigshafen.
Diesem Ort erging es wie Friedrichshafen. Er wurde 1826 dem neuen Herrscher zuliebe umbenannt, bis dahin hieß er Sernatingen. Neben der katholischen Chorturmkirche ragt als zweiter markanter Punkt der Turm des modernen evangelischen Gemeindezentrums über den kleinen Ort (siehe: »Beispielhaftes modernes Bauen«, 1. Band). Ein Abstecher lohnt sich über Stockach nach

Schloß Langenstein.
Dieses »Narrenmuseum« bei Eigeltingen vermittelt ein anschauliches Bild einer Eigenheit des Bodenseegebiets (siehe: »Winter am See«).

(Über Engen führt die »Grüne Straße« nach Freiburg.) An den See zurückgekehrt, sollte man in dieser verträumten Ecke (am untersten Ende) des Überlinger Sees etwas zwischen Pappeln und Schilf des Espasinger Rieds verweilen, bevor man hinüberfährt nach

Bodman.

Einer der ältesten Orte am See läßt kaum mehr etwas von seiner einstigen Bedeutung ahnen. Eine alte Torkel, ein neues Schloß, ein bekanntes Hotel haben keinerlei Bezug zur alten Königspfalz, nach der man in letzter Zeit gräbt (siehe: »Königlicher Kurort«, 1. Band).

Wer unberührte Landschaft liebt, darf den Umweg nicht scheuen und eine Wanderung um den Mindelsee unternehmen, einen der schönsten Plätze am Bodanrück. Von dort führen kleine Straßen über Litzelstetten zur

Insel Mainau.

Von diesem Paradies wurde ausführlich berichtet (siehe: »Isola bella – exterritorial«).

Über Wollmatingen führen verschiedene Wege zur

Insel Reichenau.

Wenigstens die romanischen Bauten dürften neben der reizvollen Landschaft für den Besucher interessant sein (Siehe: »Schule der Nation« 1. Band und »Exoten am Bodensee«).

In Hegne erreicht man wieder die neue Schnellstraße. Sie ist zugleich die zweite Linienführung der »Grünen Straße« an den See. Die eine Strecke, die über Stockach an den See führt, haben wir in Ludwigshafen verlassen. Die andere bringt die Reisenden über Singen und Radolfzell nach Konstanz. Dieser »Grünen Straße« folgen wir über Allensbach nach

Radolfzell.

Das Münster wurde gründlich restauriert. Es ist der vierte große gotische Kirchenraum auf dieser Rundfahrt. In un-

mittelbarer Nachbarschaft steht das ebenfalls gründlich restaurierte sogenannte Österreicher Schlößchen, das schon alles Mögliche beherbergen mußte, aber nie den Erzherzog Leopold Wilhelm, den Kaisersohn, für den es gebaut wurde.
Große Industrien geben einem anderen Stadtteil das Gepräge. Zwei landschaftliche Besonderheiten sind mit Radolfzell verbunden: die Halbinsel Mettnau, Naturschutzgebiet und Genesungszone, die Vogelwarte auf Schloß Möggingen, die Nachfolgerin von Rossiten. (Siehe: »Naturschutz, Landschaftsschutz und Naturdenkmale«, »Gotik am See«, 1. Band und »Baden – Kneippen – Heilfasten«)
Von Radolfzell sind es auf der »Grünen Straße« nur wenige Kilometer bis

Singen.
Im Schutze des Hohentwiel liegt die größte Industriestadt des Hegaus (Siehe: »Des Herrgotts Kegelspiel« 1. Band, »Museen im Bodenseegebiet«.) Es lohnt sich, in Singen die »Grüne Straße« zu verlassen und hinüberzufahren nach

Hilzingen.
Die »schönste Dorfkirche Deutschlands« hat Peter Thumb hierher gebaut. Ein Haus erinnert an ihn.
Ohne nach Singen zurückfahren zu müssen erreicht man

Rielasingen.
Der Schweizer Architekt Justus Dahinden hat hier zwei moderne Kirchen errichtet. Das eigenwillige Äußere des Kirchturms St. Stephan sieht man von weither.
Man kann um den See herum auf der Höri nach Stein am Rhein fahren und unterwegs die kleinen Schlößchen besuchen oder die Höri-Weinorte. Man kann auch über den Schienerberg dorthin gelangen, vorbei an der alten Wallfahrtskirche in Schienen. Die dritte Möglichkeit führt über die nahe Schweizer Grenze. Der erste Ort auf Schweizer Gebiet ist dann

Thayngen/SH.
Eine neue Schule und eine moderne Kirche sind ebenso interessant wie das, was man hier an vor- und frühgeschichtlichen Ausgrabungen fand.
Rasch wird die Kantonshauptstadt erreicht:

Schaffhausen/SH.
Der Munot ist Wahrzeichen dieser schönen alten Stadt am Rheinfall, deren Kloster Allerheiligen für romanische Kunst und Architektur ein Begriff ist. Neben dem alten Kern, zu dem viele imposante Patrizierhäuser gehören, ist sehr viel Neues gebaut worden. Hier steht zum Beispiel das erste Terrassenhaus der Neuzeit. Hier ist aber auch eine Industrie heimisch, die einem Fünftel der Kantonsfamilien Brot gibt. (Siehe: »Romanische Bauten«, »Gotik am See«, »Beispielhaftes modernes Bauen« 1. Band und »Das Bodenseemanifest und die Industrie«.) Unmittelbar neben Schaffhausen liegt

Paradies/SH.
Das ehemalige Nonnenkloster beherbergt heute die größte Spezialbibliothek der Welt zum Thema »Eisen«.
Rheinaufwärts kommt das kleine Städtchen

Diessenhofen/TG.
Der eigenartige Siegelturm, Wahrzeichen dieses Orts, beherbergt ein Stoffdruckmuseum. Über eine Holzbrücke gelangt man in das ehemalige Benediktinerinnenkloster

Katharinental/TG,
heute kantonales Altersheim. Der Bregenzerwald-Baumeister Johann Michael Beer hat es geplant. Es war seinerzeit Einsiedeln unterstellt. Daran erinnert die Einsiedeler Muttergottes hoch oben in der Kirchenfassade. (Siehe: »Barock am See und der Bregenzerwald« 1. Band.)
Einen Kilometer vor Stein am Rhein liegt

Wagenhausen/TG.
An dem einzigartigen zweischiffigen und schmalen romanischen Kirchenraum der ehemaligen Propstei sollte man nicht vorbeifahren.

Stein am Rhein/SH
wurde ausführlich in »Rothenburg am Rhein« besprochen. Kurz hinter Stein liegt das Dorf Eschenz. Ein Steg führt hinüber nach der

Insel Werd/TG.
Inmitten des Rheins liegt ein stilles, fruchtbares Inselchen. Hier hat St. Otmar sein letztes Lebensjahr verbracht. Heute ist seine Zelle eine Wallfahrtskapelle. (Siehe: »Zum Wandern verführt«.) Den Seerhein aufwärts folgt der erste größere Ort am Untersee:

Steckborn/TG.
Aus einem mittelalterlichen Städtchen, das dem Kloster Reichenau gehörte und in dem sich der Bischof von Konstanz ein Schlößchen, den Turmhof, baute, ist ein blühender Industrieort geworden. Zum hübschen Rathaus gesellen sich schöne alte Fachwerkhäuser. Der auf einer Halbinsel liegende Turmhof einerseits und der luftige Uhrturm der neuen katholischen Pfarrkirche andererseits fallen von weitem her schon auf: der Turmhof vom See her, der Uhrturm von der Straße. Ein hübscher Ort reiht sich am Untersee an den anderen. In Mannenbach/TG fährt man rechts den Berg hinauf nach

Arenenberg/TG.
Von diesem Napoleonschlößchen ist ausführlich in »Hortense und Arenenberg« die Rede. Von der Terrasse aus genießt man den Blick auf den Untersee, die Uferorte und die Insel Reichenau. Über Tägerwilen/TG mit der riesigen herbstlichen Dahlienschau nähert man sich wieder Konstanz. Bevor man die Grenze nun von Westen her überschreitet, sollte man einkehren in

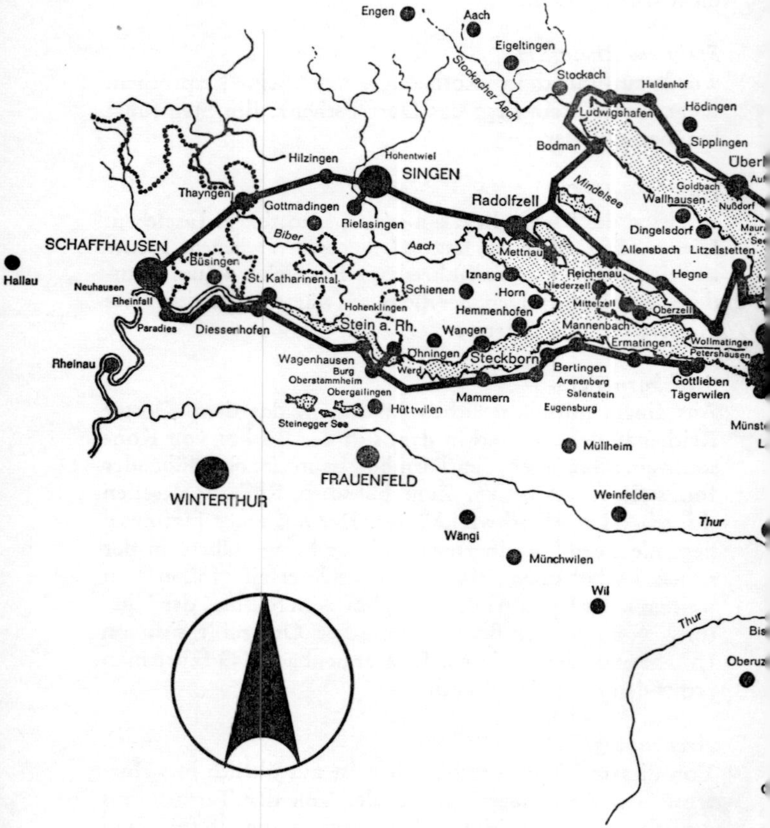

Engen
Aach
Eigeltingen
Stockacher Aach
Stockach
Haldenhof
Ludwigshafen
Hödingen
Sipplingen
Bodman
Hilzingen
Hohentwiel
SINGEN
Überl
Thayngen
Gottmadingen
Rielasingen
Radolfzell
Mindelsee
Goldbach
Wallhausen
Nußdorf
Dingelsdorf
Biber
Aach
Mettnau
Allensbach
Litzelstetten
SCHAFFHAUSEN
Büsingen
Hallau
Neuhausen
Rheinfall
St. Katharinental
Iznang
Reichenau
Niederzell
Hegne
Schienen
Horn
Mittelzell
Oberzell
Hohenklingen
Hemmenhofen
Paradies
Diessenhofen
Stein a. Rh.
Wangen
Mannenbach
Ermatingen
Wollmatingen
Petershausen
Rheinau
Wagenhausen
Burg
Öhningen
Werd
Steckborn
Bertingen
Arenenberg
Salenstein
Gottlieben
Tägerwilen
Oberstammheim
Obergailingen
Mammern
Eugensburg
Hüttwilen
Steinegger See
Müllheim
FRAUENFELD
WINTERTHUR
Weinfelden
Thur
Wängi
Münchwilen
Wil
Thur
Oberuz

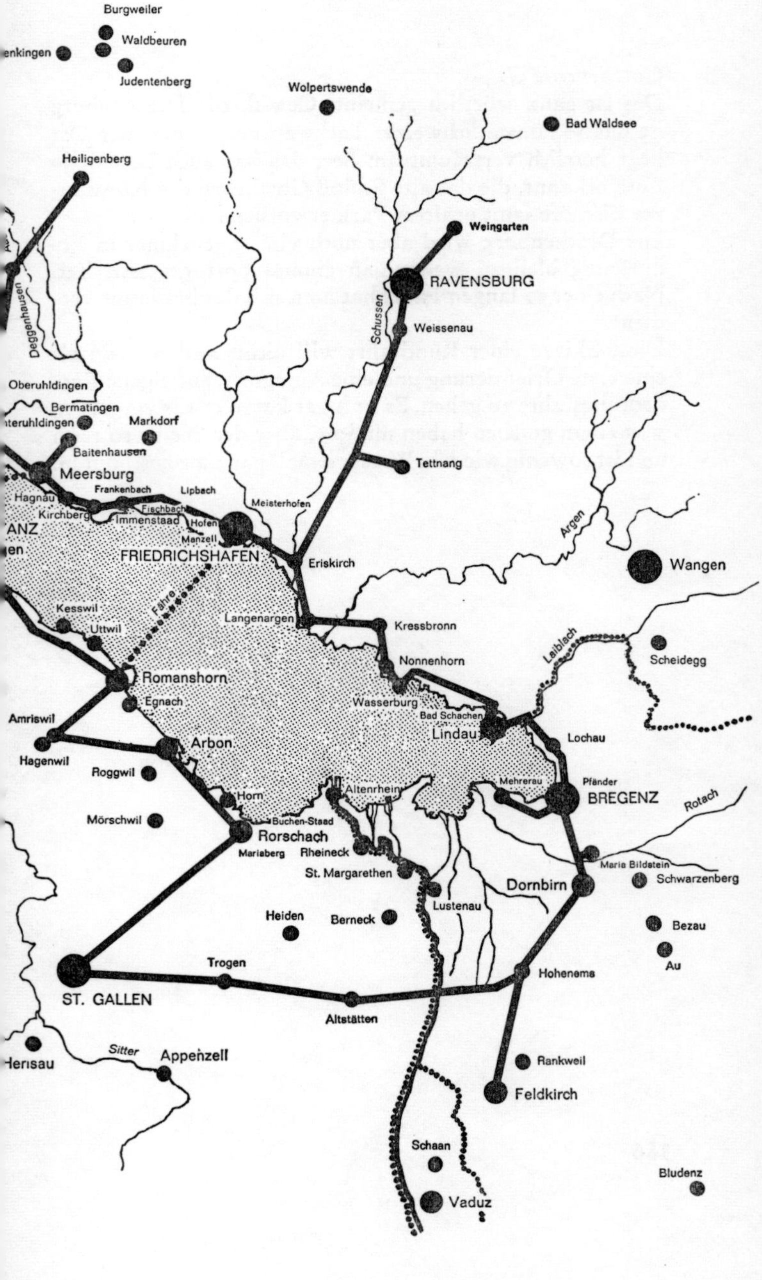
Burgweiler
Waldbeuren
Judentenberg
Wolpertswende
Bad Waldsee
Heiligenberg
Weingarten
RAVENSBURG
Deggenhausen
Schussen
Weissenau
Oberuhldingen
Bermatingen
Markdorf
Baitenhausen
Meersburg
Tettnang
Hagnau
Frankenbach
Lipbach
Kirchberg
Fischbach
Immenstaad
Hofen
Manzell
Meisterhofen
FRIEDRICHSHAFEN
Eriskirch
Argen
Wangen
Fähre
Kesswil
Uttwil
Langenargen
Kressbronn
Laiblach
Scheidegg
Nonnenhorn
Romanshorn
Egnach
Wasserburg
Bad Schachen
Lindau
Lochau
Amriswil
Hagenwil
Arbon
Roggwil
Pfänder
Mehrerau
BREGENZ
Rotach
Horn
Altenrhein
Mörschwil
Buchen-Staad
Rorschach
Mariaberg
Rheineck
St. Margarethen
Maria Bildstein
Schwarzenberg
Dornbirn
Lustenau
Heiden
Berneck
Bezau
Au
Trogen
Hohenems
ST. GALLEN
Altstätten
Sitter
Appenzell
Rankweil
Feldkirch
Schaan
Bludenz
Vaduz

Gottlieben/TG.
Das ist ganz wörtlich gemeint. Gewiß, die Drachenburg ist das »schönste Schweizer Fachwerkhaus«, und der Ort liegt herrlich verträumt am See, das hat auch Lisa della Casa erkannt, die das alte Schloß Gottlieben der Konstanzer Bischöfe samt uraltem Park erworben hat.
Die Drachenburg wird aber noch viel angenehmer in Erinnerung bleiben, wenn man einmal dort gegessen hat. Nach einer so langen Fahrt hat man sich das bestimmt verdient.
Diese Skizze einer Rundfahrt will nichts anderes sein als eine erste Orientierung und eine Anregung, auf eigene Entdeckungsfahrt zu gehen. Es ist zwar kaum etwas vergessen, was »man gesehen haben müßte«, aber der See ist so reich und ist sowenig wie sein Wasser jemals ganz auszuschöpfen.

■ *Formalitäten von A bis Z*

Deutschland	*Schweiz*	*Österreich*
Autopapiere		
keine Grenzformalitäten	keine Grenzformalitäten	keine Grenzformalitäten, grüne Versicherungskarte
Autotelefon		
Bereich Konstanz ist an den öffentlichen beweglichen Landfunkdienst (ÖbL) angeschlossen		
Boote		
keine Grenzformalitäten	für Paddel- und Schlauchboote keine Formalitäten; Ruder-, Segel- und Motorboote bis 1 Monat Auslandsaufenthalt keine Formalitäten; ab 1 Monat Bewilligung notwendig	für Motorboote und Wasserfahrzeuge ohne Motor mit mehr als 5,5 m Länge wird beim österreichischen Grenzzollamt gebührenfrei ein »Vormerkschein für Beförderungsmittel« ausgestellt.
Bootstelefon	siehe Autotelefon	
Camping		
30 Campingplätze	5 Plätze	7 Plätze

Deutschland	*Schweiz*	*Österreich*
Diplomatische Vertretungen		
für Schweizer: Konstanz, Hussenstraße 6, Tel. 35 98; für Österreicher: München 27, Donaustraße 5, Tel. 48 72 72	für Deutsche: St. Gallen, Bahnhofsplatz 1, Tel. 22 36 10; für Österreicher: Zürich, Minervastraße 12, Tel. 34 81 11	für Deutsche: Bregenz: Kaspar-Hagen-Straße 2, Tel. 31 80; für Schweizer: Bregenz, Belruptstraße 20, Tel. 2 24 85
Erste-Hilfe-Päckchen und Warndreieck		
vorgeschrieben	nicht vorgeschrieben	vorgeschrieben
Ferienkarte		
gilt für 7 oder 15 Tage auf allen Schiffen. Vergünstigung auf Bahnstrecken- und Buslinien	siehe Deutschland einschließlich Romanshorn, Friedrichshafen. Vergünstigung auf Bahnstrecken und Bergbahnen	siehe Deutschland einschließlich Bregenz-Lindau. Vergünstigung auf der Pfänderbahn
Geld		
Ein- und Ausfuhr unbeschränkt	Ein- und Ausfuhr unbeschränkt	Einfuhr unbeschränkt Ausfuhr bis 15 000 Schilling
Geschwindigkeiten		
innerhalb geschlossener Ortschaften 50 km/h. Der Ort beginnt und endet am gelben Ortsschild	keine Begrenzung. In geschlossenen Ortschaften werden im allgemeinen durch Schilder 60 km/h vorgeschrieben	siehe Schweiz, aber in geschlossenen Ortschaften im allgemeinen auf 50 km/h begrenzt

Deutschland	*Schweiz*	*Österreich*
Hunde		
ärztliches Gesundheitszeugnis vorgeschrieben	Tollwut-Impfbescheinigung, nicht älter als 1 Jahr, erforderlich, Impfstoff ist anzugeben	ärztliches Gesundheitszeugnis vorgeschrieben
Jugendherbergen		
8 Herbergen	4 Herbergen	3 Herbergen
Kinder		
Kinderausweis oder Eintragung in Familienpaß. Zwischen 4 und 10 Jahren halbe Ferienkarte	Kinderausweis oder Eintragung in Familienpaß	Kinderausweis oder Eintragung in Familienpaß
Pannen		
keine zentrale Pannenhilfsstelle	Telefon Zürich 54 54 54	Telefon Dornbirn 32 32, an Wochenenden Feldkirch 31 28
Reisepaß		
Paß oder Personalausweis	Paß oder Personalausweis	Paß oder Personalausweis
Segelschulen		
16 Schulen	2 Schulen	

Deutschland	*Schweiz*	*Österreich*
Sportbootfahrer		
grenzpolizeilicher Erlaubnisschein zum Anlegen, auch außerhalb der Grenzübergänge	siehe: Deutschland	siehe: Deutschland
19 Häfen	5 Häfen	3 Häfen
Sperrstunde	nicht einheitlich geregelt	

Telefonverkehr

in allen grenznahen Orten einschließlich Liechtenstein und Vorarlberg: Selbstwähldirektverkehr

Verkehrsregeln		
im Kreisverkehr hat rechts Vorfahrt (Achtung: meist durch Schild Vorfahrtberechtigung genommen), Blinkzeichen beim Überholen. In Orten 50 km/h, Linksparken verboten	im Kreisverkehr hat rechts Vorfahrt. Blinkzeichen beim Überholen. In Orten 60 km/h. Linksparken auf Einspurstrecken verboten	im Kreisverkehr hat rechts Vorfahrt. Blinkzeichen beim Überholen. In Orten 50 km/h. Linksparken erlaubt
Wohnwagen		
keine Formalitäten	keine Formalitäten, aber besondere Vorschriften über Größe, Gewicht und Bremsen und Höchstgeschwindigkeiten	keine Formalitäten

■ *Freimengen* (Stand: Sommer 1972)

Freimengen für	in- oder ausländische Touristen		ausländische Touristen	inländische Touristen	Grenzbewohner im Kleinen Grenzverkehr			
bei der Einfuhr nach	Deutschland	Schweiz	Österreich	Österreich	Deutschland	Schweiz	Österreich aus Dtschl.	Österreich a. Schweiz
					im 15-km-Bereich täglich	im 10-km-Bereich täglich	im 10-km-Bereich täglich	im 10-km-Bereich täglich
Zigaretten	200	200	200	100	40	40	25	25
oder Zigarillos	100	100	100	—	20	20	10	10
oder Zigarren	50	50	50	20	10	10	5	5
oder Tabak	250	250	250	100	50	50	25	50
Schnaps	1 l	0,75 l	0,75 l	0,75 l	—	—	0,25 l	0,25 l
oder Likör unter 22 % bzw. Sekt	2 l	—	—	—	—	—		—
und Wein	2 l	1 l	2 l	2 l	—	1 l	1 l	2 l
Kaffee	250 g	—	—	—	50 g + 1 x mtl. 250 g	—	—	1 x wöch. 250 g Kaffee
oder Kaffeepulver	100 g	—	—	—	100 g	—	—	—
Tee	100 g	—	—	—	20 g + 1 x mtl. 100 g	—	—	—
oder Teepulver	40 g	—	—	—	40 g	—	—	—
Parfum	50 g	—	—	—	50 g	—	—	—
und Toilettenwasser	0,25 l	0,25 l	—	—	0,25 l	—	—	
Mehl oder Brot	—		—	—	—	—	—	500 g
Andere Lebensmittel u. sonstige Waren (Reisemitbringsel)	bis 100 DM	bis 100 Fr.	—	—	bis 50 DM	bis 50 Fr.	bis 650 S	bis 650 S

Mit freundlicher Erlaubnis der »Bodensee-Hefte«.

■ *Empfehlenswerte Literatur*

Bilgeri, Benedikt: Der Bund ob dem See (Appenzeller Krieg). Stuttgart 1968.

Blanckenhagen, Sigrid von: Rosgarten-Museum Konstanz. Konstanz 1957.

CH-Touring: Die Schweiz und Grenzgebiete. Automobilführer. Bern 1971

Dierks, Walter und Haaß, Gerhard: Varta-Führer, Ausgewählte Hotels und Restaurants in der Bundesrepublik Deutschland und West-Berlin. Stuttgart, alljährlich neue Auflage.

Dillmann, Erika: Bodense(e)lige Schlemmerreise, Handbuch für Feinschmecker. Stuttgart 1963.

Duft, Johannes: Bibliotheca Sangallensis: 1 Ungarn in St. Gallen; 2 Weihnacht im Galluskloster; 3 Der Bodensee in St. Galler Handschriften; 4 St. Otmar; 5 Die Stiftsbibliothek in St. Gallus; 6 Hochfeste im Gallus-Kloster. Konstanz 1957–1963.

Engelmann, Ursmar: Der heilige Pirmin und sein Missionsbüchlein (deutsch-lateinisch). Konstanz 1959.

–: Initialen der frühen Reichenauer Buchmalerei. Sigmaringen 1970.

Etter, Alfred: Thurgau-Wanderbuch. Frauenfeld 1970; dazu: Thurgau-Wanderkarte.

Feger, Otto: Geschichte des Bodenseeraums. Bd. 1: Anfänge und frühe Größe (1967) (neue Auflage); Bd. 2. Weltweites Mittelalter (1958); Bd. 3. Zwischen alten und neuen Ordnungen (1963). Konstanz 1958–1967.

–: Die Chronik des Klosters Petershausen (lateinisch-deutsch). Konstanz 1966.

Finckh, Ludwig: Sonne am Bodensee. Stuttgart 1929.

Gruber, Otto: Bauernhäuser am Bodensee. Konstanz 1961.

Hecht, Josef: Der romanische Kirchenbau des Bodenseegebiets. Basel 1928.

Hoffmann, Herbert: Bodensee-Museum Friedrichshafen. Konstanz 1957.

Horn, Adam und Mayer, Werner: Die Kunstdenkmäler

von Schwaben, IV. Stadt Landkreis Lindau. München 1954.
Kiefer, Friedrich: Naturkunde des Bodensees. Konstanz 1955.
Knoepfli, Albert: Kunstgeschichte des Bodenseeraumes. Band 1. Von der Karolingerzeit bis zur Mitte des 14. Jahrhunderts. Konstanz 1961. Band 2. Vom späten 14. bis zum frühen 17. Jahrhundert. Überblick. Baukunst. Konstanz 1969.
Landesvermessungsamt: Topographische Karte 1:50 000 Umgebung des Bodensees, Blatt 1 und 2, mit Wanderwegen.
Langes, Günther: Autorama, Bildautoführer Bodensee. Innsbruck 1965.
Lieb, Norbert und Dieth, Franz: Die Vorarlberger Barockbaumeister. München 1967.
Mallaun, Otto: Bodensee-Handbuch für Schiffsführer, Segler, Bootsfahrer und Ruderer. Konstanz 1970.
Martin, Kurt: Die ottonischen Wandbilder der St.-Georgs-Kirche Reichenau-Oberzell. Konstanz 1961.
Michelin: Deutschland, Bundesrepublik und West-Berlin. Karlsruhe, alljährlich neue Auflage.
Neinhaus, Wolfgang: Bodensee-Reiseführer (mit der jeweiligen Jahreszahl). Konstanz, erscheint alljährlich.
Neinhaus, Wolfgang: Bodensee-Hefte (»Zeitschrift der Landschaft im Herzen Europas«). Das aktuelle Monats-Magazin für Kultur, Wirtschaft und Touristik. Kreuzlingen, monatlich.
Piel, Friedrich: Baden-Württemberg, aus der Reihe: Handbuch der Deutschen Kunstdenkmäler von Georg Dehio. München 1964.
Poensgen, Georg: Das Schnitzwerk des Jakob Ruß im Rathaussaal zu Überlingen. Konstanz 1958.
–: Der Bodensee. München 1964.
Sandner, Oskar: Bregenz. München 1971.
–: Die Kuen (Bregenzer Baumeister des Barock). Konstanz 1962.
Schaffmann + Kluge: Wanderkarte und Autokarte Rund

um den Bodensee, 1:100 000, mit Campingplätzen, Sehenswürdigkeiten, Jugendherbergen, Naturschutzgebieten.

Schroth, Ingeborg: Die Schatzkammer des Reichenauer Münsters. Konstanz 1962.

Schweizer Hotel-Verein: Schweizer Hotelführer. Bern, erscheint jährlich neu.

Strehler, Hermann: Die Buchdruckerkunst im alten St. Gallen. St. Gallen 1967.

–: St. Galler Stiche. St. Gallen 1966.

–: Vom alten Leinwandgewerbe in St. Gallen. St. Gallen 1965.

Thöne, Friedrich: Vom Bodensee zum Rheinfall. Konstanz 1965.

Verband der Hotel- und Gasthofbesitzer am Bodensee und Rhein: Hotelführer Bodensee (mit der jeweiligen Jahreszahl). Lindau, erscheint alljährlich.

Wentzlaff-Eggebert: Die Dichtung des Bodenseegebietes. Lindau 1966.

Personen- und Firmenregister

Ortsregister

Für vielfältige Hilfe dankt der Verfasser Fremdenverkehrsdienststellen, Firmen, Ämtern, vor allem aber Alban Janson, Eva-Maria Janson und Walter Thierfelder.
Fotonachweis: Alle nicht nachgewiesenen Fotos einschließlich des Titelbildes: Karl Kolb.

Inhalt des ersten Bandes